「舊學」與「新知」

朱子學傳衍樣態研究

李 蕙 如 著

文 史 哲 學 集 成
文史哲出版社印行

國家圖書館出版品預行編目資料

「舊學」與「新知」：朱子學傳衍樣態研究 ／
李蕙如著.-- 初版.-- 臺北市：
文史哲, 民 108.01
頁；　公分（文史哲學集成；713）
ISBN 978-986-314-451-9（平裝）

1.朱子學

125.5　　　　　　　　　　　　108000813

文 史 哲 學 集 成　　713

「舊學」與「新知」
朱子學傳衍樣態研究

著　　　者：李　　　蕙　　　如
出 版 者：文　史　哲　出　版　社
http://www.lapen.com.tw
e-mail：lapen@ms74.hinet.net
登記證字號：行政院新聞局版臺業字五三三七號
發 行 人：彭　　　正　　　雄
發 行 所：文　史　哲　出　版　社
印 刷 者：文　史　哲　出　版　社
臺北市羅斯福路一段七十二巷四號
郵政劃撥帳號：一六一八〇一七五
電話886-2-23511028 ・傳真886-2-23965656

定價新臺幣三五〇元

二〇一九年（民一〇八）一月初版

ISBN 978-986-314-451-9　　01713

「舊學」與「新知」

朱子學傳衍樣態研究

目　次

自　序

　　本書是一部探討朱子學傳衍樣態的著作。朱子學包括朱熹本人的哲學以及他的學問對後世產生的影響；朱熹的整個學派並非在他的時代就已完成，尚待門人與再傳弟子加以繼承，構築出整個朱子學。關於朱子學研究，成果豐碩，以下擇要說明。

　　林慶彰編《朱子學研究書目》(1900-1991)[1]、吳展良編《朱子研究書目新編》(1900-2002)[2]，提供了研究的基礎。朱傑人、嚴佐之、劉永翔等人所編《朱子全書》二十七冊、《外編》四冊，為重要參考資料。另外，束景南的《朱子大傳》[3]亦有詳細的文獻材料。至於朱榮貴《全體大用之學：朱子學論文集》[4]、高令印、高秀華《朱子學通論》[5]皆屬綜論性質。另有劉述先《朱子哲學思想的發展與完成》[6]，考證方面多取錢穆《朱子新學案》[7]說法，在義理方面則採牟宗三說法，並專章討論朱子與現實政治及功利態度的對立，將朱子的抽象哲學思想還原到當時的具體歷史脈絡中，直指朱子與現實政治對立的態度。至於唐君

1　林慶彰編：《朱子學研究書目》(1900-1991)(臺北：文津出版社，1992 年)。
2　吳展良編：《朱子研究書目》(臺北：國立臺灣大學，2004 年)。
3　束景南：《朱子大傳》(福建：福建教育出版社，1992 年)。
4　朱榮貴：《全體大用之學：朱子學論文集》(臺北：臺灣學生書局，2002 年)。
5　高令印、高秀華：《朱子學通論》(福建：廈門大學出版社，2007 年)。
6　劉述先：《朱子哲學思想的發展與完成》(臺北：臺灣學生書局，1982 年)。
7　錢穆：《朱子新學案》(臺北：三民書局，1971 年)。

毅對朱子學相關討論計有《中國哲學原論：導論篇》等四本[8]，他認為朱子和象山、陽明是兩種可以相互會通而補足的義理型態。此外，黎建球《朱熹哲學》[9]、蒙培元《朱熹哲學十論》、金春峰《朱熹哲學思想》[10]、曾春海《朱熹哲學論叢》[11]、董金裕《朱熹學術考論》[12]、林維杰《朱熹與經典詮釋》[13]、藤井倫明《朱熹思想結構探索—以「理」為考察中心》(附錄二為「當代日本朱子學研究活動與未來課題」)[14]、陳逢源《「融鑄」與「進程」：朱熹《四書章句集注》之歷史思維》[15]、趙峰《朱熹的終極關懷》[16]、劉承相《朱子早年思想的歷程》[17]、秦加懿(Julia Ching)撰、曹劍波譯《朱熹的宗教思想》[18]、楊曉塘《程朱思想新論》[19]、劉京菊《承洛啟閩—道南學派思想研究》[20]、

8　唐君毅：《中國哲學原論：導論篇》(臺北：臺灣學生書局，1986年)、《中國哲學原論：原性篇》(臺北：臺灣學生書局，1989年)、《中國哲學原論：原道篇》(臺北：臺灣學生書局，1986年)、《中國哲學原論：原教篇》(臺北：臺灣學生書局，1990年)。

9　黎建球：《朱熹哲學》(臺北：知音出版社，1974年)。

10　金春峰：《朱熹哲學思想》(臺北：東大圖書公司，1998年)。

11　曾春海：《朱熹哲學論叢》(臺北：文津出版社，2001年)。

12　董金裕：《朱熹學術考論》(臺北：里仁書局，2008年)。

13　林維杰：《朱熹與經典詮釋》(臺北：國立臺灣大學出版中心，2008年)。

14　藤井倫明：《朱熹思想結構探索—以「理」為考察中心》(臺北：國立臺灣大學出版中心，2011年)，頁221-248。

15　陳逢源：《「融鑄」與「進程」：朱熹《四書章句集注》之歷史思維》(臺北：政大出版社，2013年)。

16　趙峰：《朱熹的終極關懷》(上海：華東師範大學出版社，2004年)。

17　〔韓〕劉承相：《朱子早年思想的歷程》(上海：華東師範大學出版社，2010年)。

18　秦加懿(Julia Ching)撰、曹劍波譯《朱熹的宗教思想》(福建：廈門大學出版社，2010年)。

19　楊曉塘：《程朱思想新論》(北京：人民出版社，1999年)。

20　劉京菊：《承洛啟閩—道南學派思想研究》(北京：人民出版社，2007年)。

友枝龍太郎：《朱子の思想形成》[21]，或探討聖人理學工夫論的本質，或從歷史進路切入，皆建構朱學多元面向的觀察。楊儒賓主編《朱子學的開展－東亞篇》[22]、鍾彩鈞主編《朱子學的開展－學術篇》[23]、吳震主編《宋代新儒學的精神世界：以朱子學為中心》[24]、陳來、朱傑人主編《人文與價值：朱子學國際學術研討會暨朱子誕辰 880 周年紀念會論文集》[25]等，均有匯整之功。

另則，田浩(Hoyt Cleveland Tillman)與余英時均將朱熹放入南宋當時的情境中，透過與其他學者的關係與往來，進行考察以突顯道學思想觀念的運作。余英時《朱熹的歷史世界：宋代士大夫政治文化的研究》[26]認為「在一般哲學史或理學史的論述中，我們通常只看到關於心、性、理、氣等等觀念的分析與解說。至於道學家的政治思想與政治活動，則哲學家往往置之不論，即使在涉及他們的生平時也是如此。」[27]因此，作者刻意尋求「遺失的環節」，從政治、社會、思想文化等方面綜合考察相相關課題，回應學術史的核心議題。[28]書中探討幾個核心問

---

21 友枝龍太郎：《朱子の思想形成》(東京：春秋社，1969 年)。書中將朱子的窮理論視為是脫離禪學而確立根據「識別反省知」的理性主義理論。

22 楊儒賓主編：《朱子學的開展－東亞篇》(臺北：漢學研究中心，2002 年)。

23 鍾彩鈞主編：《朱子學的開展－學術篇》(臺北：漢學研究中心，2002 年)。

24 吳震主編：《宋代新儒學的精神世界：以朱子學為中心》(上海：華東師範大學出版社，2009 年)。

25 陳來、朱傑人主編《人文與價值：朱子學國際學術研討會暨朱子誕辰 880 周年紀念會論文集》(上海：華東師範大學出版社，2011 年)。

26 余英時：《朱熹的歷史世界：宋代士人政治文化的研究》(臺北：允晨文化實業有限公司，1993 年)。

27 余英時：《朱熹的歷史世界》(北京：三聯書店，2004 年)，頁 11。

28 陳支平認為，「余英時先生從歷史學家的視野思考宋代朱熹理學的整體動態的演變過程，還是未能突破斷代史的阻隔。」詳見氏著：《朱熹及其後學的歷史學考察》(北京：商務印書館，2016 年)，頁 3。

題：「第一，當將朱熹放置於同時代的儒家思想家的大框架中，我們對於朱熹及其思想是否能有新的理解？……第二，在社會、政治和文化上具有共同關注的一群儒家學者所組成的『道學團體』，是如何發展演變成自成一家的思想學派，乃至到南宋末期正式成為政治思想上的正統學說。」[29]，並指出「從淳熙初年(1174-1189)到朱熹逝世(1200)，理學家作為一個士大夫集團(當時政敵稱之為「道學群」)，在政治上形成一股舉足輕重的力量。他們的政治取向是不滿現狀……以政治主體自居，因此追求的也是道在政治上的實現。」[30]。余英時將南宋道學發展分為四個時期，以朱熹為討論中心，認為只有通過時代文化思想概念的辨析和歷史追溯的交互作用，方能澄清宋代「道學與理想」及「帝王和士大夫階層間關係」的內在聯繫。[31]余英時另有《宋明理學與政治文化》[32]，其中，第一至五章為《朱熹的歷史世界：宋代士大夫政治文化的研究》上篇的〈緒說〉，書中梳理道學、道統、道體諸概念的流變及相互關係，並細辨與政治文化的內在聯繫。

田浩《朱熹的思維世界》則主要考察朱熹思想的形成，提出自朱熹晚年起，對道學概念的理解已漸狹窄，賦予道學以某種排他主義的學派色彩，因此不能誇大朱子的後續者們在將朱子思想正統化過程中，對道學運動所起的創造作用。田浩強調，

---

29 余英時：《朱熹的歷史世界：宋代士人政治文化的研究》，頁21。

30 余英時：《朱熹的歷史世界：宋代士人政治文化的研究》，頁26-27。

31 祝平次對此書有精闢分析，見氏著：〈評余英時先生的《朱熹的歷史世界：宋代士大夫政治文化的研究》〉，《成大中文學報》第19期，2007年，頁249-268。

32 余英時：《宋明理學與政治文化》(臺北：允晨文化實業有限公司，2004年)。

若不假思索相信後世對朱子道學的人為建構及《宋史‧道學傳》的褊狹定義的真實性，將不利於了解宋代思想歷史發展的多樣性。書中揭櫫朱熹為什麼能夠在 12 世紀末期成為道學的核心，其中涉及到朱熹的言行與道學團體的關係與影響、朱熹在道學上的位置等問題。另又進一步完成《旁觀朱子學：略論宋代與現代的經濟、教育、文化、哲學》[33]，擴及宋代學術對於近代思想影響及價值的討論。至於《功利主義儒家：陳亮對朱熹的挑戰》[34]和《儒家話語與朱子說的主流化》[35]二書均強調，為反映宋代思潮的豐富多樣，建議用道學來代替新儒學，主張加強對道學的研究，探討它是如何從一個思想不完全一致、但有很多共同政治目標的群體演變成一個以朱熹為正統的學說。

從余英時《朱熹的歷史世界》到田浩《朱熹的思維世界》對「宋代文化和政治史」與「朱熹與其他道學家的思想影響」的深入探討當中，為朱熹所處的宋代歷史世界提供較廣闊的思考背景。

至於朱學流衍的討論可見陳榮捷《朱子門人》[36]，此書整理戴銑《朱子實紀》、宋端儀《考亭淵源錄》、韓國李滉《宋季元明理學通錄》、朱彝尊《經義考》、張伯行改訂之明人朱衡《道南源委》、萬斯同《儒林宗派》、黃宗羲撰、黃百家續

---

33 田浩：《旁觀朱子學：略論宋代與現代的經濟、教育、文化、哲學》(上海：華東師範大學出版社，2011 年)。

34 田浩(Hoyt Cleveland Tillman)：《功利主義儒家：陳亮對朱熹的挑戰》(Utilitarian Confucianism：Ch'en Liang's Challenge to Chu Hsi)，(美國：哈佛大學出版社，1982 年)。

35 田浩(Hoyt Cleveland Tillman)：《儒家話語與朱子說的主流化》(Confucian Discourse and Chu His's Ascendancy) (美國：夏威夷大學出版社，1992 年)。

36 陳榮捷：《朱子門人》(臺北：臺灣學生書局，1988 年)。

編、全祖望修補《宋元學案》、王梓材、馮雲濠編《宋元學案補遺》、日人田中兼二〈朱門弟子師事年考〉、〈朱門弟子師事年考續〉等所列弟子，考察弟子從學時間，共計六百二十九人，可稱門人四百六十七人，重以未及門而私淑者二十一人，合計四百八十八人，甚至還有不知名而未考見者。陳榮捷的朱子學研究除了重視觀念的分析，亦能著重史實考證，不但具有深厚的西學學養，更能運用日韓學者的研究成果，顯得平實縝密、精審嚴謹。另有《朱學論集》，收錄論文十五篇，附錄兩篇，內容包含朱子哲學、朱子事跡的考證。此外，市來津由彥的《朱熹門人集團形成の研究》[37]分成〈朱熹思想形成の場―北宋末南宋初の閩北程學〉與〈朱熹門人、交遊者の朱熹思想理解〉二篇，闡明朱子思想如何為門人吸收及傳播各地，終而形成朱子學派的過程。此外尚有有田和夫、大島晃《朱子學的思惟：中國思想史における伝統と革新》[38]、後藤俊瑞《朱子の倫理思想－續朱子の實踐哲學》[39]、孟淑慧《朱熹及其門人的教化理念與實踐》[40]、張加才《詮釋與建構：陳淳與朱子學》[41]、李蕙如《陳淳研究》[42]、傅小凡《朱子與閩學》、解光宇《朱子學與徽學》[43]、蔡振豐《東亞朱子學的詮釋與發展》[44]、黃俊傑、

---

37 〔日〕市來津由彥：《朱熹門人集團形成の研究》(東京：創文社，2002年)。

38 〔日〕有田和夫、大島晃：《朱子學的思維：中國思想史における伝統と革新》(東京：汲古書院，1990年)。

39 〔日〕後藤峻睿：《朱子の倫理思想－續朱子の實踐哲學》(西宮：後藤俊瑞博士遺稿刊行會，1964年)。

40 孟淑慧：《朱熹及其門人的教化理念與實踐》(臺北：國立臺灣大學文學院，2003年)。

41 張加才：《詮釋與建構：陳淳與朱子學》(北京：人民出版社，2004年)。

42 李蕙如：《陳淳研究》(福州：海峽文藝出版社，2014年)。

43 解光宇：《朱子學與徽學》(湖南：嶽麓書社，2010年)。

林維杰編《東亞朱子學的同調與異趣》[45]、陳支平《朱熹及其後學的歷史學考察》[46]，或由不同地域切入，或從跨文化為論述方向，以檢視朱學貢獻。

學者們的覃思精研展現出不同視角的學術成果，構成了朱子學的大致框架，也提供本書在撰寫過程中或多或少的助益。

淳熙二年(1115)由呂祖謙的安排，朱熹與陸九淵赴江西鉛山鵝湖寺論道。二人爭論的焦點在於朱子強調要廣泛讀書、考察事物之理，陸九淵則主張反求內心。因此，陸九淵批評朱熹研究方法支離與方向未明：「易簡工夫終久大，支離事業竟浮沉，欲知自下升高處，真偽先須辨古今」，朱熹三年後才和詩「舊學商量加邃密，新知培養轉深沉」回應，表明既要對學術傳統持續鑽研與加深研究，亦須培養學術胸襟，開拓新的知識領域。同理，就朱子門人而言，對朱子學說的吸取與發揚，既有舊學商量之處，亦有新知培養之處，欲其達到加邃密、轉深沉的境地。職是之故，本書以「舊學與新知：朱子學傳衍樣態研究」為題，從思想史視域梳理朱學傳播流衍的情況，檢視朱子門人在商討過往或是思辨新課題時的深化反思。本書奠基於前人豐碩的研究成果，試著反思某些問題，並使之得以不斷延續與發展。此外，文史哲分系專研，也許是實質上的需要，但研究問題者，卻不宜心存畛域，視為殊科，而須融匯歷史與經典。若以孟子的「知人論世」為補充說明，則「知人」為傳記

44 蔡振豐：《東亞朱子學的詮釋與發展》(臺北：國立臺灣大學出版中心，2009年)。

45 黃俊傑、林維杰編《東亞朱子學的同調與異趣》(臺北：國立臺灣大學出版中心，2006年)。

46 陳支平：《朱熹及其後學的歷史學考察》(北京：商務印書館，2016年)。

研究法，「論世」則為歷史社會研究法，二者具有各自獨立，又有相互影響的密切關係，史學也為思想提供了經驗和事實上的依據。 因此，本書順著朱子學傳衍的諸種樣態開展，同時，由此而提出評判，在思想的各個尖峰之間，藉由外在事件的探索，尋找出思想發展線索中相對平庸的部分，以填補思想精華之間的裂痕。如此，從思想理論的橫切來看，恢復了思想史複雜的層次、深度；由歷史發展縱切而言，則避免了單軌、直線的演化過程。

　　本書各篇章梳理朱子學傳衍樣態，首章討論朱子地位的確立與門人的道統觀內容，同時兼論治統概念；其次，道統之傳，即治統之所繫，政教該如何合而為一？如何保持內聖沉潛與外王踐履的雙行，不只是朱子需要解決的問題，也是受其影響的門人在面對出處進退時的問題；接著，因仕宦得以行道的朱子門人，又是如何踐行與傳播朱子之學？在同一地域中，呈現出如何特殊的文化？例如雖壤地褊小，卻有周敦頤、朱熹二大儒過化其地的南康，朱子門人是如何透過教育及禮制規範移風易俗？再者，「理」將如何通過「禮」而具體化？之間的關係為何？透過陳淳的《北溪大全集》，可看出其人鮮明的思辨精神，且映射著朱熹的治學方法和思維方式。最後，末章檢覈劉因《四書集義精要》中的「孟子」部分，嘗試在經學與理學的視域中，了解元儒於朱注的反省與發展。此章的撰作也呼應楊柱才〈朱子門人後學研究芻議〉[47]中所言，相對於陽明後學研究的興盛，朱子門人後學研究顯得過於沉寂，於是提出以南宋中後期至元

---

47 楊柱才：〈朱子門人後學研究芻議〉，復旦大學主辦，「宋明理學國際論壇」會議論文，2018 年 8 月 22 日-23 日。

初為中心，依從學先後及代際傳承展開個案研究。除此之外，對於皇慶二年(1313)朱子學說為科考定本也能提供相應的思考角度，並驗證朱子地位的確立，兼及道統與治統，而得以與首章呼應。本書各章或從學理方面，或從個人修身，或從社會實踐上，並大多先在研討會上宣讀過，修改後，再改投會議論文集或期刊。發表情況與內容概述如下：

　　第一章　「道統」與「治統」：朱子地位的確立，原為〈陳淳師友淵源道統觀研究〉，獲淡江大學 105 學年度第二類重點研究計畫獎助，文章發表於「2017 儒學與語文學術研討會」，臺北市立大學儒學中心主辦，2017 年 10 月 20 日。正如孔門弟子與孔子在學術地位與象徵意義上的明顯落差，朱子門人及其後學與朱子地位的懸殊，自是不言可喻。研究朱子後學的道統觀，其意義與價值與研究朱熹道統觀的意義與價值自有主從之別。另則，朱子門人及其後學雖同宗朱子之學，但因相異的個人際遇與不同的時代背景影響下，道統觀有其不同特色。大致說來，相較於朱學籠罩的元代，身處南宋的門人因鑒於當時陸學昌熾，提出道統之說乃時勢所趨，力圖護衛朱熹地位，具有更強烈的使命感。

　　第二章　「仕宦」與「隱逸」：朱子門人的出處進退，原為兩篇文章：〈從「士志於道」看《宋史・道學傳》人物的仕隱問題〉，發表於「第十二屆先秦兩漢學術國際研討會」，輔仁大學中國文學系主辦，2015 年 6 月 28 日；〈從「任重而道遠」看朱子門人的仕隱問題〉，發表於「廈門：第七屆海峽兩岸國學論壇」，臺灣中央研究院中國文哲研究所、廈門大學國學研究院、廈門篔簹書院、北京大學道家研究中心主辦，2015

年 11 月 20-22 日。本章從朱熹門人對南宋地方政治的作為切入，檢覈朱熹的理學思想的影響力。雖然朱子多數門人未進入南宋政權核心，學說也無法左右朝政，但卻不能忽略他們對朝政的批評與建議。因此，具體研究朱子門人的仕宦及隱逸，不但能豐富朱子學研究，更有助於瞭解南宋的歷史特色。

第三章 「地域」與「文化」：南宋時期南康儒者對朱子學的傳播，原為〈南康朱子學—以李燔、黃灝為例〉，發表於「2015 兩岸四地朱子學會議暨儒商論壇：朱子學的普遍命題與地域特色學術研討會」，臺灣朱子學研究協會、福建閩學會、江西上饒師範學院朱子學研究所、安徽朱子研究會、臺灣大學人文社會高等研究院主辦，2015 年 8 月 2 日。地域文化是長時間形成，自然地理環境對社會風俗有所影響。本章研究對象為南康地區象為南康地區朱子及門弟子，囊括重要事蹟與著作，作一蒐集與統整工作，並試圖歸納朱子弟子在南康對朱子學各方面的繼承與發展。蒐羅《同治南康府志》、《同治建昌縣 5 志》等地方志，以觀同一地域中，不同的朱子門人踐行與傳承朱學的情況。

第四章 「理」與「禮」：以《北溪大全集》為討論對象，原為〈北溪大全集中的理與禮〉，發表於「第七屆東亞漢學暨第十六屆社會與文化國際學術研討會」，淡江大學中國文學學系主辦，2016 年 4 月 21 日。後收錄於《東亞漢學研究》第六輯。本章雖以陳淳著作《北溪大全集》為研究對象，實則涉及筆者碩士論文未及探討之議題，而有全新的開展。陳淳承繼朱熹之說，將「禮」做為「理」之載體，雖棄舉子業，但仍能由瑣碎繁細的儀節中，抽繹抽象之理。兩者的充份搭配，也顯示

在建立社會秩序上，若單靠具體的禮儀約束將失去道德實踐之
主體性；若是僅依形上之義理之學也難以全然落實。要之，重
踐履且性平實的陳淳，吸納朱子之學，更顯踏實。

　　第五章　「薈萃」與「甄別」：《孟子集義精要》探析，
原為〈薈萃與甄別的朱學體現：《孟子集義精要》探析〉，發
表於「2017 宋明清儒學的類型與發展 IV 學術研討會」，中央
大學文學院儒學研究中心承辦、中央研究院明清研究推動委員
會合辦，2017 年 10 月 26-27 日。後收錄於核心期刊《中正漢學
研究》第 32 期，2018 年 12 月。由於朱熹《四書章句集注》不
斷修訂，且與他書互有舛異，故朱熹逝後，盧孝孫取《語類》、
《文集》之說，逐章逐句，討論發明，輯為一百卷《四書集義》，
但內容既雜，元儒劉因病其繁冗，乃約其精要，輯成《四書集
義精要》一書。不但凸顯朱子尊程用意、說解典制會通諸說、
補充引而未發之語、刪削浮辭標舉要領，亦能別白諸家矛盾之
處，既有保存之功，又有刪略識見，純正客觀，使之不惑於多
歧。有助於了解朱熹《四書章句集注》真義，以及元儒於朱注
的反省與發展。本章嘗試在經學與理學的視域中，檢覈劉因《四
書集義精要》中的「孟子」部分如何薈萃甄別朱子之說，對於
朱學流傳北方以及四書註解的開展，尤其是以朱證朱方式的確
立，提供可以檢視的依據。另外，本章所用底本為臺北故宮所
藏為罕見的完整版本，尚未被學界大量使用。其可貴之處，不
僅是刊雕精緻，後世未見翻刻、少見流傳，使它更有價值。藉
由本章之研究，當使此一善本更受學術界重視。

　　以上五篇論文雖是在不同的機緣下先後撰成，卻有一貫的
思考線索，即是朱子學的傳衍，故以「舊學與新知：朱子學傳

衍樣態研究」為題。此次整合成書，各篇章文字多有修正。感謝相關的會議評論人及學術期刊審查委員，提供筆者不少此次或他日得以繼續發展的線索。

第一章 「道統」與「治統」

── 朱子地位的確立

第一節 問題緣起

在傳統社會中，道統與治統在概念上與實踐上都處於一種若即若離的狀態。道統成為治統的依歸[1]，以達「治教合一」，雖為儒家長遠以來的政治理想，但這個理想落實在政治結構上，卻分別由統治者及士人階層所承擔，屬政治與文化兩個範疇。[2]孟子謂聖人之道由堯、舜、禹、湯、文武，至於孔子。[3]而

---

1 如康熙《日講四書解義・序》：「朕惟天生聖賢作君作師，萬世道統之傳，即萬世治統之所繫也。」(臺北：臺灣商務印書館，1986 年，影印文淵閣四庫全書本，經部第 202 冊)此外，狄培理《中國的自由主義傳統》（"The Lib-ral tradition in China"）(臺北：聯經出版社，2016 年)書中集中討論儒學傳統中的自由主義。他把道統譯成英文"repossession of the way"或"reconstitution of the way"，意為「對道的重新獲得或擁有」、「道的重建」，這是道統概念更多地包含了主體創造性色彩。通過對道的恢復，個人就可從歷史經驗和理想中獲得新的靈感，並從過去傳統發現新的意義。所以，在狄培理的觀點，儒學的道統具有進取、改革的精神，且與政治無關。此外，關於「道統」一詞的歷史根源可見〔德〕蘇費翔：〈道統與《中庸》〉，收於《文化權力與政治文化：宋金元時期的《中庸》與道統問題》(北京：中華書局，2018 年)，頁79-104。

2 相關討論可見黃進興：《優入聖域：權力、信仰與正當性》(臺北：允晨文化，

後韓愈著〈原道〉，以弘揚儒家聖人之道為己任，明確提出儒家聖人之道傳授譜系，此對宋代理學道統論的確立產生重要影響，具有復興儒學之功。[4]但韓愈對道統哲學理論上的論述尚不足，也未把道統說體系化。錢穆稱韓愈提出的道統「只可稱之為是一種主觀的道統，或說是一種一線單傳的道統。此種道統是截斷眾流，甚為孤立的；又是甚為脆弱，即易中斷的；我們又可說它是一種極易斷的道統，此種主觀的單傳孤立的易斷的道統觀，其實紕漏甚多。若真道統則須從歷史文化大傳統言，當知此一整個文化大傳統即是道統。如此說來，則比較客觀，而且亦決不能只是一線單傳，亦不能說它老有中斷之虞。」[5]二程吸取韓愈的道統思想，以繼孟子之後，程頤稱程顥乃「得不

1994 年)，頁 88、125。

3 《孟子・盡心下》：「由堯、舜至於湯，五百有餘歲，若禹、皋陶則見而知之，若湯聞而知之；由湯至於文王，五百有餘歲，若伊尹、萊朱則見而知之，若文王則聞而知之；由文王至於孔子，五百有餘歲，若太公望、散宜生則見而知之，若孔子則聞而知之；由孔子而來至於今，百有餘歲，去聖人之世若此其未遠也，近聖人之居若此其甚也，然而無有乎爾，則亦無有乎爾。」

4 韓愈〈原道〉：「斯吾之所謂道也……堯以是傳之舜，舜以是傳之禹，禹以是傳之湯，湯以是傳之文、武、周公，文、武、周公傳之孔子，孔子傳之孟軻，軻之死，不得其傳也。」(〔唐〕韓愈撰、馬其昶校注：《韓昌黎文集校注・原道》)對此，朱熹曾感嘆：「此道更前後聖賢，其說始備。自堯舜以下，若不生個孔子，後人去何處討分曉？孔子後若無個孟子，也未有分曉。孟子後數千載，乃始得程先生兄弟發明此理，今看來漢唐以下諸儒說道理見在史策者，便直是說夢！只有個韓文公依稀說得略似耳。」(《朱子語類》卷 93)另則，亦有不少學者肯定韓愈對宋代儒學的啟發。如馮友蘭《中國哲學史》稱韓愈為「宋明道學家先驅之人。」(北京：中華書局，1961 年，頁 801)、勞思光《中國哲學史(三上)》則認為其人「在唐末雖未能及時建立新風氣，然其思想傾向，固已為北宋儒學留下種子。」(臺北：三民書局，1990 年，頁 34)、錢穆《中國近三百年學術史(上冊)》指出治宋學始於唐，而「昌黎韓氏為之率。」(北京：商務印書館，2005 年，頁 2)。

5 錢穆：《中國學術通義》(臺灣：學生書局，1993 年)，頁 94。

傳之學於遺經」[6]，其對道統之道的理解，比韓愈更深刻，道不僅是道統傳授的內容，而且成為與天理等同的宇宙本體，並提出了一系列重要理論和命題。朱熹繼承二程，在其《中庸章句・序》中首將「道統」連用，進一步把儒學道統體系化：

> 蓋自上古聖神，繼天立極，而道統之傳，有自來矣！其見於經，則「允執厥中」者，堯之所以授舜也；「人心惟危，道心惟微。惟精惟一，允執厥中」者，舜之所以授禹也。……自是以來，聖聖相承，若成湯、文、武之為君，皋陶、伊、傅、周、召之為臣，既皆以此而接夫道統之傳。若吾夫子，則雖不得其位，而所以繼往聖、開來學，其功反有賢於堯舜者。然當是時，見而知之者，惟顏氏、曾氏之傳得其宗。及曾氏之再傳，而復得夫子之孫子思。……又再傳以得孟氏。……故程夫子兄弟出，得有所考，以續乎千載不傳之緒。

朱熹系統梳理了道的傳授統緒，指出道統始於伏羲、神農、黃帝，[7]而堯、舜、禹相傳，其後成湯、文王、武王等君主，皋陶、

---

6 程頤：〈明道先生墓表〉，《二程集》(北京：中華書局，2004 年)。
7 《大學章句・序》有類似的言論：「此伏羲、神農、黃帝、堯、舜，所以繼天立極。」朱熹道統論乃在堯、舜之上，溯至伏羲。陳榮捷認為朱子屢言伏羲乃是「基於《易》之太極，《易》有太極，是生兩儀，兩儀生四象。」余英時指出伏羲、神農、黃帝、堯、舜，皆為德、位兼備，即以聖人而在天子之位者，因此才有資格繼天立極，傳授道統。如《中庸》第二十八章：「雖有其位，苟無其德，不敢作禮樂焉；雖有其德，苟無其位，亦不敢作禮樂焉。」朱熹引鄭玄註云：「言作禮樂者，必聖人在天子之位」。相關資料可參考余英時：《宋明理學與政治文化》，頁 32。

伊尹、傅說、周公、召公奭等大臣接續了道統之傳。至孔子有德無位，有功於堯舜之道的傳授。孔門弟子顏回、曾參親得其傳，又由曾氏傳之子思。子思作《中庸》，體現了孔門傳授心法，使道得以載之於此書而不泯，由是，孔、孟之間的空白處也得以填補。子思傳孟子，孟子歿而道統中斷而失傳。此外，朱子曾云所謂王道即「堯、舜、禹、湯、文、武、周公、孔、孟相傳之道。由周公而上，上而為君；由孔子而下，下而為臣」[8]，此乃承自韓愈「由周公而上，上而為君，故其事行；由周公而下，下而為臣，故其說長」之說[9]，另則，朱熹認為，由於道載之於《中庸》等儒家經典之中，二程兄弟以此為據，才使聖人之道復明於世。朱熹明確提出十六字心傳的思想，以超越時代的心傳體現道統的傳授。[10]在朱熹看來，《尚書‧大禹謨》的十六字傳心訣與《中庸》體現的「孔門傳授心法」相通，是以義理之心即道心為標準，隨時而為中，通過心心相傳、領悟，傳授聖人之道。因此，闡發十六字心傳，乃為朱熹道統說的核心精神。

8　朱熹：《晦庵先生朱文公文集‧李公常語下》，收於《朱子全書》第 24 冊(上海：上海古籍出版社，合肥：安徽教育出版社，2002 年)，卷 73，頁 3540。

9　〔唐〕韓愈撰、馬其昶校注：《韓昌黎文集校注‧原道》，卷 1。

10　劉述先認為，「就純考據的觀點看，道統的觀念顯然是難以成立的。朱子追溯道統根源，引十六字心傳，乃出於偽古文尚書；再由考古的觀點看，中國信史自商起，則伏羲、黃帝、堯、舜仍屬神話傳說時代，未能確證實有其人，故道統之說為主觀信念。但卻由此看出宋儒與先秦儒的連貫性，先秦儒者的一貫作風正是把時間推回遠古，所謂仲尼祖述堯舜、憲章文武是也。即使文獻不足徵，仍有一脈相承的線索。」(詳參氏著：《朱子哲學思想的發展與完成》，增訂三版，(臺北：臺灣學生書局，1995 年)，頁 420-421。)

　　值得注意的是，在〈序〉中，朱子卻摒除了濂溪。[11]然而，當朱子五十歲知南康軍時，作知南康〈榜文〉及〈牒文〉，提出「濂溪先生虞部周公，心傳道統，為世先覺」[12]；淳熙八年(1181)罷郡，拜濂溪先生書堂遺像，作〈書濂溪光風霽月亭〉，提出「惟先生承天畀，繫道統」[13]。另則，朱子〈記濂溪傳〉：「戊申六年，在玉山邂逅洪景盧內翰，借得所脩國史，中有濂溪、程、張等傳，盡載《太極圖說》。蓋濂溪於是始得立傳，作史者於此為有功矣。」[14]朱子自述在借覽洪邁所預修的國史後，對於周敦頤能入於國史之列一事給予極高的稱譽。朱子四傳弟子吳澄亦曾云：「近古之統，周子其元也，程張其亨也，朱子其利也」[15]；或許是因對「十六字心傳」作解釋的，在宋代首推程頤，或是在朱子心中，二程在道統中的地位還是高於周敦頤，是故，朱子雖極力宣揚周敦頤的重要性[16]，周敦頤卻無法進入《中

11 關於此問題，德國漢學家蘇費翔亦有所關注，他提到朱熹的《中庸章句》僅僅提及二程，但是在其他文本中，朱熹則聲稱周敦頤已經繼承、復活了道統；根據其《中庸集解·序》，周敦頤恢復了已經失傳的道統，並傳給二程及其弟子。而根據《中庸章句·序》，恢復失傳的道統的工作是由二程直接完成的，不過，不應該過度強調這種不一致，因為《中庸集解·序》更多關注的是《中庸》的文本傳統，而《中庸章句·序》則更多關注道的傳承。相關資料見〔德〕蘇費翔：〈道統與《中庸》〉，收於《文化權力與政治文化：宋金元時期的《中庸》與道統問題》(北京：中華書局，2018 年)，頁 83、87。

12 《朱子文集》卷 99〈知南康榜文〉。

13 《朱子文集》卷 84〈書濂溪光風霽月亭〉。

14 宋·朱熹《晦庵先生朱文公文集》，收入朱傑人、嚴佐之、劉永翔主編：《朱子全書》第 24 冊，卷 71，〈記濂溪傳〉，頁 3410。

15 《宋元學案》卷 92〈草廬學案〉。

16 如淳熙四年〈江州重建濂溪先生書堂記〉、淳熙五年〈袁州州學三先生祠記〉(《文集》卷 78)、淳熙六年〈奉安濂溪先生祠文〉(《文集》卷 86)、淳熙六年〈隆興府學濂溪先生祠記〉(《文集》卷 78)、淳熙六年〈書徽州婺源縣周子通書板本後〉(《文集》卷 81)、淳熙八年〈徽州婺源縣學三先生祠記〉(《文

庸章句‧序》的傳道序列。此外，在其道統系譜中，朱熹屏棄漢唐諸儒且未列入邵雍及其師李侗[17]。對於相關議題，學者討論不少，成果亦豐[18]。不論如何，朱子雖非發明「道統」一詞[19]，在實質上豐富道統的內涵則是無庸置疑的，雖說朱熹於《中庸章句‧序》、《大學章句‧序》、《論語‧堯曰》、《孟子‧盡心下》、《孟子‧公孫丑上》、《孟子‧公孫丑下》、《孟子‧離婁下》諸篇皆闡揚道統的傳承，但是，朱子撰作《中庸章句‧序》時年六十，為晚年之作，也較完整說明其人道統理論[20]，故本章因其內容以為參照。

集》卷 79)、淳熙十年〈韶州州學濂溪先生祠記〉(《文集》卷 79)、淳熙十四年〈周子通書後記〉(《文集》卷 81)、紹熙二年〈黃州州學二程先生祠記〉(《文集》卷 80)、紹熙四年〈邵州州學濂溪先生祠記〉(《文集》卷 80)。

17 就北宋五子的處理而言，朱子所著《淵源錄》認為邵雍屬於旁枝。此外，陳榮捷認為未收錄其師李侗誠是大膽，詳參陳榮捷：〈道統觀念之完成〉，收於氏著：《朱學論集》，頁 13-18；陳榮捷：〈新道統〉，收於氏著：《朱子新探索》，頁 429-435；陳榮捷：〈道統與後繼〉，收於氏著：《朱熹》(臺北：東大圖書股份有限公司，1990 年)，頁 247-260。

18 諸如蔡方鹿：《中華道統思想發展史》(四川：四川人民出版社，2003 年)、張永儁〈宋儒之道統觀及其文化意識〉，《文史哲學報》第 38 期(1990)、錢遜〈四書集注與中國文化傳統─兼談「道統」的實際內容與意義〉，《朱子學刊》(1991)、張亨〈朱子的志業─建立道統意義之探討〉，《臺大中文學報》第 5 期(1994)、大島晃〈宋代思想と道學〉，收於《儒家思想在現代東亞：日本篇》，臺北：中央研究院文哲所籌備處(1999)、陳逢源〈道統的建構─重論朱熹四書編次〉，《東華漢學》第 3 期(2005)等篇。

19 據葉國良考證，唐代蓋暢曾著《道統》，顯示道統一詞時已流傳，參見氏著：〈唐代墓誌考釋八則〉，《臺大中文學報》第七期(1995 年)，頁 51-76。

20 對此，有學者提出不同的看法，如張亨認為《朱子文集》卷 86〈滄州精舍告先聖文〉是紹熙五年朱子六十五歲所作，「這一道統傳承應該是他晚年定論」，但卻也提出疑問：「以李侗附於驥尾固然是他師承所自，也暗喻他自己將傳繼此統，是可以理解的，而把邵雍和司馬光列入就比較奇怪了。二程對他們也頗多批評。」(張亨：〈朱子的志業─建立道統意義之探討〉，《臺大中文學報》第 5 期(1994))，頁 73。故本文未選擇此一具有爭議性的文章討論朱子

　　根據朱熹道統說內容，可看出傳授方式有二：一是經由堯、舜、禹、湯、文、武、周公等聖君的系統；一是經由孔、孟，強調內在精神的延續。從宋末至清初，道統之說在文化史與政治史上一直爭議不休。道統的傳承已公認是儒者所特有的責任，於是便有了「治統」一名相應而起，與道統形成相持而又互足的一對概念。[21]道統是維繫道之存在與延續的形式，道是道統所傳授的內容，道統論則論證聖人之道的精神。就延續性而言，朱熹的道統論認為儘管漢唐時期道不傳，但道卻未亡，道不傳與道已亡是兩個不同的概念。前者指漢唐時期諸儒未能體道，所以三代聖王之道無法接續下來；後者指道已亡。[22]土田健次郎《道學の形成》[23]將恢復正道的道統意識，視為宋代知識場

道統說。

21 相關資料可見余英時：《朱熹的歷史世界—宋代士大夫政治文化的研究》(臺北：允晨文化公司，2003 年)，頁 44。此外，牟宗三提出道統、學統、政統三統之說，企圖通過提出一個安定人生、建立制度的思想系統，來做為人們安身立命的根本。與三統說密切聯繫，牟宗三提出由內聖心性之學開出科學民主新外王的思想，即通過道統之肯定，肯定道德理性即內聖心性之學的價值，開出學統與政統。此外，錢穆將道統、政統並舉，認為宋代「道統既尊於政統，師道既高乎治道，則在朝不如在野。為士者既以師道自任，則在己之修養講論，乃更重於出仕以從政。此乃宋代理學家之所異於漢唐儒，《宋史》特立〈道學傳〉以別於〈儒林傳〉，亦非無理。」相關資料可見錢穆：〈略論朱子學之主要精神〉，《宋代理學三書隨箚》(臺北：東大圖書股份有限公司，1996 年)，頁 224。

22 高柏園：〈論唐君毅與牟宗三對朱子思想之理解態度〉，第四屆東亞漢學國際會議論文，1999 年 9 月 25、26 日，頁 29-30。

23 〔日〕土田健次郎：《道學の形成》(東京：創文社，2002 年)，首列序章討論宋代思想史研究與道學研究的根本問題，接著依序分列七章：探討北宋的思想運動、二程的先行者(胡瑗、周敦頤)、程顥的思想基本構造、程頤道學、道學和佛教道教、對立者的思想(王安石、蘇軾)、道學的形成與展開(晚年的程頤、楊時的立場)，最後則列終章專列朱熹道統論的相關論文。書中「返回思想本身所發生的地點」(頁 6-7)，並且試圖將思想與社會、政治的關係，作

域中正統性的爭奪，以至於最終乃是朱熹為自己爭奪正統地位的構思。這一解釋將道統論的出現視為從個人的私人性動機而不是從文化與文明的層次上理解。

朱熹道統說法，乃是為了與佛學抗衡[24]，有其時代背景，亦是「自宋以來學風所趨，其哲學性之發展，急需一道統相承之新觀念」[25]。而在慶元學禁後，程朱理學被視為偽學遭到壓制，因此，在朱熹逝世後，如何重塑其人地位，實為朱子門人之重要任務，首先面對的問題便是聖賢道統的傳承。職是之故，朱熹逝後，確立朱熹為道統傳人必然成為朱子門人道統說的重要內容。[26]諸如陳淳〈師友淵源〉、黃榦〈聖賢道統傳授總敘說〉[27]李元綱[28]編纂的〈聖門事業圖〉、吳澄〈道統圖并序〉、〈建康路三皇廟記〉與〈十賢祠堂記〉、蔡沈[29]《至書》、王佖[30]《擬

一結合觀察。其中關於道學與佛教、道教的關係，大多側重於佛教。對道教與道學的關係，相對顯得簡略。

24 儒家「道統論」初起之時，目的就是想要顯示儒學比佛教的「法統」更加源遠流長。見徐洪興：《思想的轉型─理學發生過程研究》(上海：上海人民出版社，1996年)，頁115-118。

25 陳榮捷認為朱子實為新儒學創用道統一詞之第一人，且他如此所為，「並非由於樹立歷史上之權威或仿效任何佛門祖師宗派之所需」，見氏著：〈朱熹集新儒學之大成〉，收入《朱學論集》(臺北：臺灣學生書局，1988年)，頁14。

26 相關資料可參考張加才：《詮釋與建構─陳淳與朱子學》(北京：人民出版社，2004年)，頁163。

27 《黃勉齋先生文集》(臺北：臺灣商務印書館，1967年)，卷3。

28 李元綱，宋錢塘人，字國紀。號百鍊真隱，杭州錢塘人(今浙江杭州)，力學好古，潛心道學。

29 蔡沈(1167-1230)，字仲默，稱九峰先生，謚文正。《宋史》卷434載：「少從朱熹游，熹晚欲著《書傳》，未及為，遂以屬沈。」

30 王佖為王柏姪子，亦為其弟子。相關資料可見昌彼得、王德毅：《宋人傳記資料索引》第1冊，頁123。

道統志》、《道統錄》、〈道統相傳之圖〉，可惜部分資料並未傳世，因而制約對其研究的展開[31]。其中，以陳淳〈師友淵源〉與黃榦〈聖賢道統傳授總敘說〉兩文內容較為完整，而吳澄則是對此議題的相關論述較多，三人道統觀較有討論空間。黃榦親炙朱子時間較久，被視為得朱子正統，清代孫奇逢重視道統傳承，稱揚黃榦：「直卿敘道統……其餘諸子，各能自立，以發明師說，盡無遜於程門。」[32]，類似的說法亦見於清儒藍鼎元：「勉齋明顯端莊，造詣純篤，朱子所望以傳道，而勉齋卒能得其傳。」[33]然而，被稱為紫陽別宗的陳淳，雖為晚出，但「其衛師門甚力，多所發明」[34]，並於閩浙一帶傳播朱子學說，形成支脈。余英時曾為文說明宋以後所流行的道統觀念，指出黃榦〈聖賢道統傳授總敘說〉以道統兩字統合道統與道學兩階段，且「遍檢南宋文獻，朱熹的大弟子黃榦才是後世道統觀念的正式建立者」、「道統的涵義改變了，它不再專指朱熹構想中的內聖外王合一之統或陳淳所謂道學體統(見《北溪大全集》卷一五〈雜著・道學體統〉)」，但是，陳淳於〈道學體統〉中，主要從四個方面闡述理學「天理」論的本質內容，認為道根源於「天命之奧」，體現在人生「日用之間」。另則，不論是「仁義禮智之性」、「惻隱羞惡辭遜是非之情」、「耳目鼻口四肢之用」、「君臣父子夫婦兄弟朋友之倫」，或是處而修身齊家，

---

31 其中，蔡沈及王佖對道統說的相關著作轉引自陳逢源：〈歷史意識與義理詮釋—以朱熹《四書章句集注》中道統觀為例〉，《杭州師範大學學報(社會科學院)》第 3 期，2017 年 6 月。

32 〔清〕孫奇逢：《理學宗傳》(臺北：藝文印書館，1969 年)，卷 17，頁 21。

33 〔清〕藍鼎元：《棉陽學准・道學源流》，《藍鹿洲全集》。

34 《宋元學案》全祖望語。

出而牧民理國，微而起居飲食，大而禮樂刑政，凡此皆體現著天理。而且，天理是所有事物「當然一定不易之則」，非人力所能強為。人的秉賦即秉賦這個天理；道學所要講求的，也是這個天理。綜上，陳淳的道統觀應見於〈師友淵源〉，而非余英時所謂〈道學體統〉中。至於〈用工節目〉、〈讀書次序〉是彰明朱學與陸學在求道途徑相異之說，且乃承續〈道學體統〉與〈師友淵源〉而發，與陳淳「道統觀」關係緊密，故雖非文章主線，仍視行文所需發揮，同時亦參酌《朱子語類》中陳淳所錄之語，以便較為周全的理解陳淳「道統觀」。今以陳淳、黃榦為主要討論對象，並兼論朱子四傳弟子吳澄的道統說，試圖釐清上述諸人的道統說對朱熹道統說的傳承與補充，以及彼此差異所在，期許能更加理解他們對朱子地位的確立所努力的用心。

第二節　陳　淳〈師友淵源〉

一、撰作背景

嘉定十年(1217)，陳淳途經嚴陵，應郡守鄭之悌邀請於郡庠講學，「雖無風動響應之效，而其所以正人心，闢邪說，距詖行，以遏方來己說之衝，而開後來無窮之新進者，其為補亦

不淺矣」[35]。由於朱子逝後，陸學勢力在楊簡及袁燮的推廣下，於兩浙一帶擴大，[36]且「錯認人心指為道心之妙，與孔孟殊宗，與周程立敵，平時亦頗苦行，亦以道學之名自標榜，鄉閭時官多推重之，殊無一人看得破者」[37]、「不止是竊禪家一二，乃全用禪家意旨……蓋其學欲以儒名家，其實乃牽聖言以就釋意」[38]；當時甚至「無一人置得晦翁《大學解》，間或一有焉，亦只是久年未定之本」[39]，面對陸學之盛，陳淳極力闡揚朱子學，內容即為《嚴陵講義》，計分四篇，分別為：〈道學體統〉、〈師友淵源〉、〈用工節目〉、〈讀書次序〉。[40]其中，〈師友淵源〉闡述儒家聖賢傳承關係，並強調朱子接續道統的關鍵地位；另則，撰作背景於結尾可見一斑：

> 欲學聖人而考論師友淵源，必當以是為迷途之指南，庶乎有所取正而不差矣。苟或捨是而他求，則茫無定準，終不可得其門而入。既不由是門而入，而曰吾能真有得乎聖人之心傳之正，萬萬無是理也。有如求道過高者，宗師佛學，凌蔑經典，以為明心見性，不必讀書，而蕩學者於空無之境；立論過卑者又崇獎漢唐，比附三代，

---

35 《北溪大全集》，頁 693。

36 「自都下時，頗聞浙間年來象山之學甚旺，以楊慈湖、袁祭酒為陸門上足，顯之要津鼓簧其說，而士大夫頗為之風動。」(《北溪大全集》卷 23〈與李公晦一〉，頁 173。)

37 《北溪大全集》卷 23〈與李公晦一〉，頁 173。

38 《北溪大全集》卷 24〈與鄭寺丞二〉，頁 181。

39 《北溪大全集》，頁 690。

40 陳淳在〈答趙司直季仁一〉中有言：「指人心為道心，使人終日默坐，以想像形氣之虛靈知覺者以為大本，而不復致道問學一段工夫，以求理氣之實。於是舉其宏綱大旨，作講義四篇。」見《北溪大全集》卷 24，頁 1。

> 以為經世濟物不必修德，而陷學者於功利之域，至是一觚
> 排辨正之，皆表裡暴白，無得以亂吾道、惑人心。[41]

雖未明言，卻可看出是對求道過高的陸學及立論過卑的陳亮的
批評。當時「宗朱者抵陸為狂禪，宗陸者以朱為俗學，兩家之
學，各成門戶，幾如冰炭」[42]，陸學極為盛行，也影響士人，陳
淳類似批評不只一處，又如：

> 吾何私冤於象山哉！為其佐異端、鼓淫詞，為人心害，
> 吾對越上天、講明公理，為人剖析是非，深有愛於人，
> 而存忠恕之心，懼其或至誤陷焉，而枉害了一生也。[43]

> 大抵其教人終日默坐以求本心，以萬善皆吾心所固有，
> 無事乎辨說之勞，屏去格物一段工夫。[44]

> 江西之學不讀書、不窮理，只終日默坐澄心，正用佛家
> 坐禪之說，非吾儒所宜言。[45]

> 象山學全用禪家宗旨，本自佛照傳來，教人惟終日靜坐
> 以求本心，而其所以為心者，卻錯認形體之靈者以為天

---

41 《北溪大全集》卷 15，頁 4。
42 黃宗羲：《宋元學案》卷 58〈象山學案〉(臺北：世界書局，2013 年)，頁 1063。
43 《北溪大全集》，頁 750。
44 《北溪大全集》，頁 752。
45 《北溪大全集》，頁 764。

理之妙。[46]

> 不師孔孟大中至正之教，而宗慈湖祖象山為奇，惟之習
> 出人理之常，是亦甚可哀也！[47]

諸如此類的批評，實則受朱子影響，也表現對朱子學傳播面臨
考驗時的憂心忡忡及力挽狂瀾的決心。[48]是故，提倡道統之說，
將朱子置於其中，亦為情理之中。

二、評論孟軻後儒者缺失

陳淳在〈師友淵源〉中指出，在孟子逝後的一千四百餘年
間，道統失傳，為一昏冥狀態：

> 荀與揚既不識大本，董子又見道不分明，間有文中子，
> 粗知明德新民之為務矣，而又不知至善之所出。韓子知
> 道之大用流行於天下矣！而又不知全體具於吾身。蓋千
> 四百餘年，昏昏冥冥，醉生夢死。

陳淳除了以正面論述接續道統的人物外，另以反面批評荀子、
揚雄、董仲舒、文中子、韓愈諸儒缺失，認為其人對於內聖之
學並無貢獻。[49]檢覈《北溪大全集》發現，若不包含〈師友淵源〉

---

46 《北溪大全集》卷24〈答黃先之〉，頁182。
47 《北溪大全集》卷32〈與鄭節夫〉，頁239。
48 正如清人官獻瑤所言：「斷斷焉，謇謇焉，力排近似亂真之說，於風行詖靡
之會，可見先生衛道之艱，不量其力之微、身之孤，冀以息邪距遁，如回狂
瀾而障逝川也。」(見乾隆陳文芳刻本《北溪陳先生全集‧官序》)。
49 此與朱子建立道統的取捨可做呼應，如劉述先所言：「朱子之立道統，顯然
是以內聖之學為規模。故於孔門特重顏曾，並謂孟子沒後而遂失其傳焉。漢
魏以來，只得傳經之儒而已！歷代大儒如董仲舒、揚雄、文中子、韓愈輩，

一文，陳淳提及荀子共三次，揚雄共二次，董仲舒一次，韓愈則有十四次，而未論及文中子，分述如下：

陳淳對荀子主要的批評為「不識大本」，但在〈師友淵源〉中未詳細說明，而從〈答徐懋功二〉中可知，「荀卿惟不識大本，故其文偏駁而不純」，且當提到蘇洵文字波瀾雄健時，認為「然縱橫偏駁，原於戰國之學，歐陽子以為似荀卿，其偏駁者相似也」[50]，再度指明荀子文章的偏駁[51]，也突顯文道關係，韓愈〈原道〉曾指荀、揚二人，「擇焉而不精，語焉而不詳」；此外，在〈答莊行之問服制主式〉中，則指「荀氏始有祠版」，但與前述關係不大，故此處略而不談。

至於揚雄亦「不識大本」，在〈答徐懋功二〉另言：「揚雄惟善惡無別，故其文淺短而艱晦」[52]，〈答陳伯澡一〉中則言：「吾子所學，只要博物洽聞，為司馬遷、揚雄諸儒者流，而不欲為聖門志道據德功夫」[53]；揚雄雖著《法言》推崇孔孟思想，但仍不免受時代風氣影響，造成思想上的駁雜，亦被視為儒家思想的歧出。[54]陳淳對揚雄評價不高，至於對荀子及揚雄之所以

均於內聖之學並無貢獻，故不包括道統之內。」詳見氏著：《朱子哲學思想的發展與完成》(臺北：臺灣學生書局，1995年)，頁424。

50 《北溪大全集》，卷34，頁5。

51 伊川亦曾以「偏駁」批評荀子：「韓退之言孟子醇乎醇，此言極好，非見得孟子意亦道不到。其言荀、揚大醇小疵，則非也。荀子極偏駁，只一句性惡，大本已失；揚子雖少過，然已自不識性，更說甚道？」見〔宋〕二程：《河南程氏遺書》，《二程集》(臺北：漢京文化事業有限公司，1983年)，卷1，頁5。此段乃是對於韓愈〈讀荀子〉中「孟氏醇乎醇者也，荀與揚大醇而小疵」而發。見〔唐〕韓愈：《韓昌黎文集校注》(臺北：華正書局，1975年)，卷1，頁21。

52 《北溪大全集》，卷34，頁5。

53 《北溪大全集》，卷27，頁3。

54 相關資料可參考謝明陽：〈揚雄的文道觀〉，《孔孟月刊》第34卷第4期，

有相同批評，乃是從文章的角度切入，荀、揚二人為文或偏駁或淺短，均是由於不識大本所造成。程子對揚雄《法言》也曾有過「曼衍而無斷，優柔而不決」[55]的批評。

陳淳指出董仲舒見道不分明，然而，何謂見道不分明？在〈答徐懋功二〉進一步指出「董子最得聖賢之意，故三篇之策純如也。惟其見道不甚明白，故其失也，緩而不切」[56]由此可知，陳淳認為董仲舒見道不甚明白，故雖得聖賢之意，卻有不夠切題的缺失。陳淳對董仲舒有批評，亦有肯定，如同朱子對漢儒評價不高，卻對董仲舒有所讚譽[57]，認為「仲舒本領純正」、「仲舒資質純良」，但也指明「其學甚正，非諸人比，只是困善，無精采極好處也」、「然亦有偏，又是一般病」[58]。

陳淳認為王通[59]雖以明王佐之道為己任，盼能在魏晉亂世重振儒學、力倡仁政，卻不知至善之所出；在《北溪大全集》中則未見有關王通的言論。王通思想「尊王道，推霸略，稽古驗今，運天下於指掌」[60]，後世有「河汾道統」之譽，及門弟子達千餘人。《朱子語類》有言：「陳同父學已行到江西，浙人信向已多。家家談王伯，不說蕭何、張良，只說王猛；不說孔孟，

頁 17-21。

55 《法言集注·序》。

56 《北溪大全集》，卷 34，頁 5。

57 除了文中所述外，朱子稱董氏《對策》中「命者，天之令也」、「天令之謂命」等命題，以為「近子思之意」。見朱熹：〈雜學辨〉，《晦庵先生朱文公全集》，《朱子全書》第 24 冊，頁 3474。

58 以上引文皆見於《朱子語類》卷 137〈戰國漢唐諸子〉，頁 3260-3263。

59 王通(584-617)，字仲淹，隋時儒者。弟子取《周易·坤卦·象辭》「黃裳元吉，文在中也」之義，私諡為文中子。其人學說對宋代理學影響深遠。

60 王通奏隋文帝〈太平十二策〉，主旨為「服先人之義，稽仲尼之心。天下之事，帝王之道，昭昭乎！」。

只說文中子，可畏！可畏！」[61]陳亮等浙東永康學派推重王通。程頤也曾贊王通：「隱德君子也。當時有些言語，後來被人傳會，不可謂全書。若論其粹處，殆非荀、揚所及也。」[62]將王通地位置於荀卿、揚雄之上。同樣的，朱子雖譏王通於道未成，但亦認為他超越荀卿、揚雄：「他雖有不好處，也須有好處，故程先生言他雖則附會成書，其間極有格言。荀、揚道不到處，豈可一向罵他！」[63]對其有所褒貶，認為其人雖「有志於天下，亦識得三代制度，較之房、魏諸公，文稍有些本領，只本原上工夫都不理會。」[64]並論其人「無本原工夫，卻要將秦漢以下文飾做個三代，他便自要比孔子。不知如何比得他？那斤兩輕重自定，你如何文飾得？」[65]陳淳顯然遵循師說，雖不否定王通明德新民之功，卻也不免冠上一個「粗」字，不全然讚譽，且點出其人不知粹然至善的靈昭所出。

韓愈面對儒學發展疏不破注、拘於訓詁的情況，加以佛老衝擊，故以弘揚儒家聖人之道為任，提出傳承系統。陳淳批評韓愈知「道」的流行大用，卻不知具於吾身，亦未有存養省察之功，可謂對道的本質不夠真切了解；韓愈既不像張載以氣傳

---

61 《朱子語類》卷 123。

62 《河南程氏遺書》。

63 《朱子語類》卷 137〈戰國漢唐諸子〉，頁 3270。

64 《朱子語類》卷 137〈戰國漢唐諸子〉，頁 3270。類似看法亦可見同卷，如：或曰：「文中子僭越古人，是如何？」曰：「這也是他志大，要學古人。」又如：「房、杜如何敢望文中子之萬一！其規模事業，無文中子髣彿。某嘗說，房、杜只是箇村宰相。文中子不干事，他那制度規模，誠有非後人所及者。」相關討論亦可見王煜：〈論朱熹對周公、唐太宗和文中子的褒貶〉，收於氏著：《新儒學的演變：宋代以後儒學的純與雜》（香港：中文大學出版社，1990 年），頁 1-30。

65 《朱子語類》卷 137〈戰國漢唐諸子〉，頁 3270。

道，亦未如程朱以理論道、陸王以心論道，且自宋以來，理學家對韓愈的文道觀多所批評，如張耒〈韓愈論〉謂「韓退之以為文人則有餘，以為知道則不足」，批評「愈於道，本不知其何物」[66]，並引用韓愈批評荀子和揚雄之言，論韓愈亦「擇焉而不精，語焉而不詳」；另則，朱子也有類似觀點：

> 蓋韓公之學，見於〈原道〉者，雖有以識夫大用之流行，而於本然之全體，則疑其有所未睹。且於日用之間，亦未見其有以存養省察而體之於身也。是以雖其所以自任者不為不重，而其平生用力深處，終不離乎文字言語之工。[67]

朱子主張道本文末，故對由文入道的韓愈有所訾議，程頤、陸九淵對他也有倒反為學進路之評[68]。另則，陳淳在〈孟子說「天與賢與子」可包韓子「憂慮後世」之義〉一文中，藉由辨析孟子與韓愈說法，指明韓愈思想上的缺失：

> 韓子說：「堯舜傳賢，為憂後世；禹傳子，為慮後世」

---

66 〔宋〕張耒：《張耒集》(北京：中華書局，1990 年)。

67 《昌黎先生集考異》(上海：上海古籍出版社，2001 年)，頁 129。

68 程頤批評韓愈：「晚來為文所得處甚多。學本是修德，有德然後有言，退之卻倒學了，因學文日求所未至，遂有所得。」見〔宋〕程顥、程頤：《河南程氏遺書》，卷 18，頁 232；陸九淵：「韓退之是倒做，蓋欲因學文而學道。」見〔宋〕陸九淵：《象山全集‧語錄》，卷 34，頁 4；然而，象山亦指出「由孟子而來，千有五百餘年之間，以儒名者甚眾，而荀、揚、王、韓獨著專場」(《象山全集‧與姪孫濬》，卷 1，頁 9)、「孟子之後，以儒稱於當世者，荀卿、揚雄、王通、韓愈四子最著。」(《象山全集‧策問》，卷 24，頁 2)。

> 是就人事見定說，固為親切；孟子「天與賢則與賢，天
> 與子則與子」是就原頭說，尤為精到。若韓子說，則不
> 到上面一著，孟子說則可以包韓子之義，其實憂後世而
> 傳賢，慮後世而傳子，皆莫非天也。[69]

孟子解釋因不可違天獨私憂慮，故堯舜乃奉天命，而得性情之
正，韓愈卻僅就人事上說，而忽略源頭。這樣的看法也見於朱
子對韓愈的批評，如：「韓退之卻見得又較活，然亦只是見得
下面一層，上面一層都不曾見得。大概此諸子之病皆是如此，
都只是見得下面一層，源頭處都不曉」，甚至更進一步言「退
之則全無要學古人底意思」、「退之則只要做官，如末年潮州
上表，此更不足說了」、「觀其詩便可見都襯貼那〈原道〉不
起，至其做官臨政，也不是要為國做事，也無甚可稱，其實只
是要討官職而已」[70]，明指其人闡發道統實則為了謀取官職，指
摘其功利心重。[71]然而，何謂「上面一層都不曾見得」？朱子並
未舉例說明。反觀陳淳，則以實例說明韓愈「不到上面一著」，
並作結「韓子識未及此，乃以孟子之說為非，則失之矣！」[72]此
外，朱子曾明白指出韓愈勉於磨練文章，於道的實現卻有所欠
缺，理論不夠細密。[73]陳淳吸取其師觀點，從文道關係評論韓愈，

---

69 《北溪大全集》卷 8〈孟子說天與賢與子可包韓子憂慮後世之義〉，頁 8。
70 上述引文出自《朱子語類》卷 137〈戰國漢唐諸子〉，頁 3270、4243。
71 伊川也有類似說法：「退之正在好名中」，見〔宋〕程顥、程頤：《河南程氏遺書》卷 18，頁 232。
72 《北溪大全集》卷 8〈孟子說天與賢與子可包韓子憂慮後世之義〉，頁 8。
73 《朱子語類》卷 137〈戰國漢唐諸子〉中，朱子對韓愈多所批評，如「緣他費工夫去作文，所以讀書者，只為作文用。自朝至暮，自少至老，只是火急去弄文章。而於經綸實務不曾究心，所以作用不得。每日只是招引得幾箇詩

並標舉孔、孟兩人：

> 道者，文之根本；文者，道之枝葉華實；道即體，文即
> 用……六經，孔子之文也，而實孔子之道，所以渾然一
> 本者，流行貫通也；七篇，孟子之文也，而其大本自性
> 善而來，故醇醇乎仁義王道之談……韓子惟有見堯舜禹
> 湯文武周孔之傳，故其文雄深雅健，最為近古，惟其知
> 用而不及體，故無精微縝密之功。[74]

陳淳並批評歐陽脩學韓文步驟，卻欠缺雄健，故淺弱少理。但
在〈似學之辨〉中辨析科舉之學與聖賢之學時，指陳「雖萬卷
填胸，錦心繡口，號曰富學，何足以為學？峨冠博帶，文雅醞
藉，號曰名儒，何足以為儒？假若胸臆歐蘇，才氣韓柳，謂之
未曾讀書，亦可也。」[75]可見對韓愈才氣的肯定。在《北溪大全
集》中，對韓愈評論不少，疑受程朱等理學家對韓子多所批評
所影響。

　　上述諸儒對道無法全然掌握，故被排於陳淳道統說之外，

酒秀才和尚度日。有些工夫，只了得去磨練文章，所以無工夫來做這邊事。
兼他說，我這箇便是聖賢事業了，自不知其非」(頁 3255)；「如韓退之雖是
見得箇道之大用是如此，然卻無實用功處，它當初本是要討官職做，始終只
是這心，他只是要做得言語似六經，便以為傳道。至其每日工夫，只是做詩、
博弈、酣飲取樂而已」(頁 3260)；「韓退之、歐陽永叔所謂挾持正學，不雜
釋老者也。然到得緊要處，更處置不行，更說不去。便說得來也拙，不分曉。
緣他不曾去窮理，只是學作文，所以如此」(頁 3276)。相關討論亦見古勝隆
一：〈論韓愈、柳宗元的貫道思想〉，收於楊儒賓、祝平次編：《儒學的氣
論與工夫論》(臺北：臺大出版中心，2005 年)，頁 385-416。

74 《北溪大全集》，卷 34，頁 5。
75 《北溪大全集》，卷 15，頁 13。

雖說以上諸儒並非異端，但從陳淳特地提出，並一一說明不在道統之傳的緣由，或加批評，或有保留地讚揚，卻也可見遵循師說或藉以回應當時學術氛圍。如宋初三先生之一的石介認為韓愈以軻死不得其傳，於義未安，有言：「若孟軻氏、揚雄氏、王通氏、韓愈氏，祖述孔子而師尊之，其智足以為賢。」[76]類似的看法可上溯於其師孫復：「吾之所為道者，堯、舜、禹、湯、文、武、周公、孔子之道也；孟軻、荀卿、揚雄、王通、韓愈之道也。」[77]由此可知宋時對揚雄、王通、韓愈等儒者的看重。此外，在朱熹及呂祖謙合編的《近思錄》中，卷 14「聖賢氣象」特別表彰聖賢相傳的道統與精神氣度，列出北宋四子所論定的十一位聖人：堯、舜、禹、湯、周文王、周武王、孔子、顏子、曾子、子思、孟子，並點明荀子、揚雄、毛萇、董仲舒、諸葛亮、王通、韓愈七人皆有所缺失。從中，也可看出陳淳將某些儒者排除在外的緣由。[78]

三、表彰二程親受周敦頤之旨

　　陳淳(1159-1223)於〈師友淵源〉中闡明儒家聖賢之學遞相傳授關係，論述道統的傳衍，依序為：伏羲、神農、黃帝、堯、舜、禹、湯、文王、武王、皋陶、周公、伊尹、傅說、召公奭、孔子、顏淵、曾子、子思、孟子、周敦頤、二程、朱熹。於孟子之後，道統失傳，至周、程之出，道統方得以重振：

---

76 石介：《徂徠集》，卷 7〈尊韓〉。

77 孫復：〈信道堂記〉，《孫明復小集》。

78 陳淳曾言《近思錄》「十三、十四卷又辨異端、明道統，尤不可不熟」，見《北溪大全集》，卷 33〈答西蜀史杜諸友序文〉，頁 246。

直至我宋之興，明聖相承，太平日久，天地真元之氣復會，
於是濂溪先生與河南二程先生，卓然以先知先覺之資，相
繼而出。濂溪不由師傳，獨得於天，妙建圖書，抽關啟鑰；
上與羲皇之《易》相表裡，而下以振孔、孟不傳之墜緒，
所謂再闢渾淪。二程親受其旨，又從而光大之。故天理之
微，人倫之著，事物之眾，鬼神之幽，與凡造道入德之方，
修己治人之術，莫不粲然有條理。使斯世之英才志士，得
以探討服行而不失攸歸。河洛之間，斯文洋洋，與洙泗並
聞而知者。

陳淳認為「羲皇作《易》，首闢渾淪」，此處以渾淪解釋太極
本體，[79]至周敦頤再闢渾淪，上接伏羲。陳淳對周敦頤的推崇備
至，可謂受朱子影響。周敦頤一生皆任地方官吏，諸如縣主簿、
縣令、州判官等，從《宋史》記載可見周敦頤之明辨。[80]二十歲
入仕，五十五歲告鄉。三十多年間，並未顯達。仕宦多在江西、
湖廣一帶，當時的政治文化中心在汴洛地區。周敦頤交往的多
是江南釋道之徒和中下層官吏，與當時士大夫主流有一定的距
離，時流之外的學術也使他缺乏介入社會、救弊濟時的熱情，

---

79 「朱熹以太極為理。陳淳謹守師說，然加以渾淪兩字去解釋太極的本體，則
和朱熹的思想不相合。」見羅光：《中國哲學思想史》(三)宋代(臺北：學生
書局，1978 年)，頁 671；又，楠本正繼(1889-1963)著《宋明時代儒學思想の
研究》，特提陳淳以「渾淪一箇的理」解釋太極。

80 《宋史》曾載周敦頤「以舅龍圖閣學士鄭向任，為分寧主簿。有獄久不決，
敦頤至，一訊立辨。邑人驚曰：『老吏不如也。』部使者薦之，調南安軍司
理參軍。有囚法不當死，轉運使王逵欲深治之。逵，酷悍吏也，眾莫敢爭，
敦頤獨與之辨，不聽，乃委手版歸，將棄官去，曰：『如此尚可仕乎！殺人
以媚人，吾不為也。』逵悟，囚得免。」

歸老於匡北蓮花峰之麓的他，著有《廬山疏》。[81]雖說周敦頤著述有其本身價值，然並未有知名傳人，唯朱熹將周敦頤置於所有宋儒之前，予以極高的道統地位。程顥、程頤少時，曾問學周敦頤，[82]周子每令尋孔、顏樂處，所樂何事，雖說二程對周敦頤思想要旨極少提及，但陳淳依循朱子之說，表彰大小程子親受周敦頤之旨，舉凡天理人倫、修己治人等方面皆能加以闡明，粲然完備，而且，「河洛之間，斯文洋洋，與洙泗並」，在此，陳淳乃將二程地位拔高與孔子同，可見高度肯定。類似的言論亦可見於陳淳〈祭四先生〉，文中有言：「得自濂溪太極一書，渾淪再闢，二程親受，濬其淵源，河洛洋洋，與洙泗並。」[83]

四、推崇朱子「上達群聖、下統百家」

陳淳曾於〈初見晦庵先生書〉中表達對朱熹的傾慕，認為自孔孟沒天下，後有濂溪周子、河南二程子者出，然後「斯道有傳而正學始有宗主」，「慨然敬歎當時師友淵源之盛，抽關啟鑰如此之至而重，自愧覺此身大為孔顏罪人，而且益仰先生道巍而德尊，義精而仁熟，立言平正溫潤、精切的實，明人心，

---

81 相關資料可見蔣星煜：《中國隱士與中國文化》(上海：上海人民出版社，2009年)，頁67-68。據蔣星煜統計，中國隱士的地域分佈以廬山最密，嵩山次之，武夷又次之。廬山不但清幽絕人，並一無物質之誘惑，是以隱士多樂居焉。

82 當周敦頤官將西南安軍時，程珦「通判軍事，視其器茂非常人，與語，知其為學之道，因與為友，使二子顥、頤往受並焉。」(《宋史》卷427)，可見二程乃遵從父命，師從周子。

83 《北溪大全集》卷49〈祭四先生〉，頁1。

洞天理。」[84]，回憶當初不識聖賢門戶為何，直至二十二歲，得朱子所集《近思錄》讀之，始知有濂溪、有明道、有伊川。後又得《語孟精義》、《河南遺書》、《文集》、《易傳》、《通書》與朱熹所著定的《語》、《孟》、《中庸》、《大學》、《太極》、《西銘》等傳。然而，「求諸書，未如親炙之為浹洽；徒言之誦，未若講訂服行之為實益」[85]。在〈師友淵源〉裡強調朱熹具有承續道統之重要地位：

> 有朱文公，又即其微言遺旨，益精明而瑩白之。上以達群聖之心，下以統百家而會於一。蓋所謂集諸儒之大成，嗣周、程之嫡統，而粹乎洙泗濂洛之淵源者也。

朱熹之於二程，乃是「聞而知者」，也自謂幸能私淑於二程，而與聞聖學之傳[86]，有繼承道統之意。雖未受其業，卻欽仰其人。朱熹能夠闡明二程微言遺旨，使其人思想更為精明清楚，可謂繼承二程等先聖，集諸儒大成。透過陳淳的論述，朱熹地位也得以突出顯明。今檢覈《北溪大全集》中出現「先師」、「朱先生」、「晦庵」、「文公」等詞的篇章，發現除了義理的討論外，陳淳在字裡行間展現對朱子的推崇，重點在於強調其人繼承儒家道統的正宗地位：

> 聞而知者，卓有文公，發揮微言，皎如星日，惟四先覺，

---

84 《北溪大全集》卷5，頁2。

85 陳淳：《北溪大全集》，景印文淵閣四庫全書第1668冊，卷10，頁1。

86 《大學章句・序》：「雖以熹之不敏，亦幸私淑而與有聞焉。」

　　　　前後一心，道統攸歸，百世師表。[87]

點明從周敦頤、二程至朱子一脈相傳，為道統所在，足為百世
師。另則，在〈奠侍講待制朱先生〉[88]有言：

　　　　自孔孟既云沒，至周程始得其宗。然提其綱者，甚簡而
　　　　未悉；闡其緒者，微露而未彰。聞者方疑而未信，望者
　　　　亦眩而莫從。遊其門者，莫繼其志；誦其書者，莫追其
　　　　蹤，獨吾先生見明守剛，超羣儒而妙契。[89]

陳淳言孔孟之後，乃至周程，而得儒學正宗，可惜提綱闡緒過
於簡易，使人不甚明瞭，及至朱子方能超越群儒，甚至「啟群
哲之未發，集百氏之所長」，且「折天下言論之衝而定于一，
合今古道術之異而歸之同」，可謂「通儒全才，而體道之大成」
[90]。除此之外，〈侍講待制朱先生敘述〉中有以下讚揚朱子的文
句：

　　　　自孟子沒，聖人之道不傳更千四百餘年，得濂溪周子、
　　　　河南二程子者出，然後不傳之緒始續。然濂溪方開其原，
　　　　甚簡質而未易喻，明道又不及為書，伊川雖稍著書，大
　　　　概方提綱，發微未暇，及乎詳密而斯文之未整者，猶為
　　　　多矣！故百年之內，見知聞知，亦不乏人，而斯道復傳

---

87 《北溪大全集》卷 49〈祭四先生〉，頁 1。
88 慶元六年(1200)，朱熹逝世，同年陳淳為悼念先師所作。
89 《北溪大全集》卷 49〈奠侍講待制朱先生〉，頁 7。
90 以上三段引文皆出於《北溪大全集》卷 49〈奠侍講待制朱先生〉，頁 7。

之緒，若顯若晦，聖人殘編斷簡，竟未有真能正訂，以為後學之定準。而百氏爭衡於世者亦紛乎未決，求其詣之極而得之粹，體之全而養之熟，真可以嗣周程之志而接孟子，以承先聖者，惟吾先生一人。[91]

在〈祭侍講待制朱先生大祥〉中也同樣說明朱子繼周程之後，光正諸家之說：

> 惟先生講明是學於周程夫子之後，又精明而光大之，上以達于洙泗淵源之盛，使聖人嘉言懿範益信白於天下來世，而諸家百氏之似是亂真者，悉顛末炳炳，無復可遁其情，其於斯文之功大矣！[92]

陳淳表明朱子「真可以當程氏之嫡嗣而無愧者」，而且，「孔孟、周程之道，至先生而益明，所謂主盟斯世，獨惟先生一人而已」[93]。

---

91 《北溪大全集》卷 16〈侍講待制朱先生敘述〉，頁 2。
92 《北溪大全集》卷 49〈祭侍講待制朱先生大祥〉，頁 9。
93 陳淳：《北溪大全集》，景印文淵閣四庫全書第 1668 冊，卷 10，頁 1。

第三節　黃　榦〈聖賢道統傳授總敘說〉[94]

一、聖賢得統而傳

　　黃榦在〈聖賢道統傳授總敘說〉中指出聖人是得其秀之秀而最靈者，「於是繼天立極，而得道統之傳，故能參天地，贊化育。而統理人倫，使人各遂其生，各全其性者，其所以發明道統以示天下後世者，皆可考也。」其道統依序為：堯、舜、禹、湯、文王、武王、周公、孔子、顏淵、曾子、子思、孟子、周敦頤、二程、朱熹：彼以湯得統於禹為禮義，文王得統於湯為以禮制心，以義制事，武王周公得統於文王為敬以直內，義以方外，孔子得統於周公為《論語》之博文約禮與克己復禮，與《大學》之格致誠正修齊治平；顏子承《論語》之教，曾子得《大學》之義；至子思則先之以戒懼謹獨，次之以仁知仁勇，而終之以誠；孟子得統於子思則為求放心、集義、與擴充，相為次序。[95]至於孟子之後，則有如下傳承：

　　　　及至周子，則以誠為本，以欲為戒，此又周子繼孔、孟

94　《黃勉齋文集》卷3。

95　黃榦〈徽州朱文公祠堂記〉有類似看法：「堯、舜、禹、湯、文、武、周公生而道始行，孔子、孟子生而道始明。孔、孟之道，周、程、張子繼之。周、程、張子之道，文公朱先生又繼之，此道統之傳萬世而可考也。」由此可看出朱熹在道統中的關鍵地位。詳見〔明〕戴銑：《朱子實紀》(臺北：廣文出版社，1972年)，頁604。另則，陳榮捷亦對黃榦道統說有所關注，詳見氏著：《朱子新探索》，（臺北：臺灣學生書局，1988年），頁430-431。

不傳之緒者也。至二程子則曰：「涵養須用敬，進學則在致知。」又曰：「非明則動無所之，非動則明無所用。」而為《四箴》，以著克己之義焉，此二程得統于周子者也。先師文公之學，見之《四書》，而其要則尤以《大學》為入道之序。蓋持敬也，誠意正心修身而見於齊家治國平天下，外有以極其規模之大，而內有以盡其節目之詳，此又先師之得其統于二程者也。聖賢相傳，垂世立教，燦然明白，若天之垂象昭昭然；而隱也，雖其詳略之不同，愈講而愈明也。學者之所當遵承而固守也，違乎是則差也，故嘗撮其要旨而明之。居敬以立其本，窮理以致其知，克己以滅其私，存誠以致其實，以是四者而存諸心，則千聖萬賢所以傳道而教人者，不越乎此矣。[96]

黃榦選取上述聖賢思想上的重要觀點，闡述道統傳承上的思想要旨，並著重彼此的內在聯繫，因而顯得完備與充實。另則，黃榦對儒家修養也提出自己的看法，歸結為居敬、窮理、克己、存誠四項，以達到立本、致知、滅私、致實。孔子得統於周公為《論語》之博文約禮與克己復禮，黃榦並未多花筆墨特別突顯孔子地位，這與朱子在《中庸章句‧序》強調孔子「雖不得其位，而所以繼往聖、開來學，其功反有賢於堯舜者」有所不同。朱子對於成湯、文、武、皋陶、伊、傅、周、召等人，僅標明君臣身份，並指明以此接道統之傳，未多所介紹。在此，

---

96 《黃勉齋文集》卷3。

顯見朱子認為仁義之道高於君主之位，因孔子不得其位，無法以君臣相互授受方式接道統之傳，故賢於堯舜，而具有不重外在事功而究析德業的傾向。荀子提出「道高於君」，認為「道存則國存，道亡則國亡」[97]，道的存亡決定國家的存亡，所以「從道不從君」[98]，體現道統特徵。宋明儒家繼承此一傳統，道統論的傳道譜系中，並無周公以後歷代君王，且以仁義之道為衡量標準，批判漢唐君王的失道行為。朱熹強調，堯舜三代等聖君行王道，與漢唐君王的霸道有異，尤其唐代君王倫常關係混亂，因而無法接續三代之統緒。黃榦忽略其師用心，殊為可惜。另舉陳淳與之相較，在〈師友淵源〉中，對孔子的著墨也多於成湯、文、武等人：

> 粵自羲皇作《易》，首闢渾淪，神農黃帝相與繼天立極，而宗統之傳有自來矣。堯、舜、禹、湯、文、武，更相授受。中天地為三綱五常之主，皋陶、伊、傅、周、召又相與輔相，躋天下文明之治。孔子不得行道之位，乃集群聖之法，作《六經》，為百世師，而回、參、伋、軻實得之，上下數千年，無二說也。

以上為陳淳道統說的第一階段，始自伏羲，終至孟軻，並承朱子之說，亦主張「孔子不得行道之位，乃集群聖之法，作《六經》，為百世師」。此外，陳淳將朱子「道統」改成「宗統」，或許是受朱熹〈屏弟子員告先聖文〉一文影響，此文暗示從聖

---

97 《荀子·君道》。
98 《荀子·臣道》。

人到其後代的父系傳承的「宗」的概念。[99]反觀黃榦之說，雖將傳承重點一一釐清，卻也使孔子地位不被突出。

二、推崇朱子傳繼道統

黃榦臚列聖人傳道統緒，其重點在於其師朱子。他曾有如下言論：

> 道之在天下未嘗亡也，而統之相傳，苟非其人，則不得而與。自孟子沒，千有餘年，而後周程張子出焉；歷時未久，寖失其真，及先生出，而後合濂洛之正傳，紹鄒魯之墜緒，前聖後賢之道，該徧全備，其亦可謂盛矣。[100]

類似觀點亦見於〈朱子行狀〉：

> 竊聞道之正統待人而後傳。自周以來，任傳道之責，得統之正者，不過數人；而能使斯道章章較著者，一二人而止耳。由孔子而後，曾子、子思繼其微，至孟子而始

99　田浩從朱熹行祭祀先聖之禮時，於祝文中使用告字，與行家禮時向先祖使用報的禱告文詞頗為相似，可見朱熹將聖人與先祖感應等同視之；田浩特別強調「宗」的問題在十二世紀為朱熹融入《朱子家禮》，並成為其中一個主題，這個時間點的重要性在於朱子於此時發展道統觀，故「宗與道統的融合清楚地表現在 1189 年的《中庸章句・序》中。」相關資料可見田浩：《朱熹的思維世界》(臺北：允晨文化，2008 年)，頁 368-385；齊婉先：〈儒學經典詮釋傳統中「聖」之義理發展與詮釋之典範性轉移——以朱熹《四書章句集注》為探討〉，第九屆海峽兩岸國學論壇，2017 年 11 月 24-26 日。

100　王懋竑：《朱子年譜》(臺北：臺灣商務印書館)，卷 4，頁 240。

著。由孟子而後，周、程、張子繼其絕，至先生而始著。⋯⋯
先生出，而自周以來相傳之道，一旦豁然，如日月中天，
昭晰呈露。則擄其言行，又可略歟？而又竊以道統之著
者終之，以俟知德者考焉。[101]

至於在〈聖賢道統傳授總敍說〉中，則明言從《四書》可觀朱
子之學，並指出首重《大學》。其實，朱子曾謂「《大學》一
篇，乃入德之門戶。學者當先講習，知得為學次第規模，乃可
讀《語》、《孟》、《中庸》。先見義理根原體用之大略，然
後徐考諸經以極其趣，庶幾有得。」可見奠立四書地位確實為
朱熹貢獻之一，黃榦深有所感，在此特別指出。此外，黃榦亦
點出其間內聖外王，為「先師之得其統于二程者也」，也使聖
賢相傳，燦然明白。從所佔的篇幅觀之，黃榦尊師之心昭然，
此外，試圖為後世儒者指明大道，「千聖萬賢所以傳道而教人
者，不越乎此矣」。

三、歸一道統與道學

余英時認為，宋代之後「道統」概念的發展完成與黃榦有
關。余氏曾考辨朱子前後對「道統」一詞用法，以察其演變之
跡，並指出黃榦刻意將「道統」與「道學」打併歸一，從此「道
統」就屬於有德無位的儒家聖賢，亦彰顯道尊於勢的觀念。而
且，黃榦深切明白朱熹藉由道學、道統試圖將政治與文化緊密

---

101 黃榦：《黃勉齋先生文集》，卷8。

結合余英時的《宋明理學與政治文化》有如下說法：

> 〈中庸序〉為了說明「道統之傳」，首先舉「允執厥中」
> 一語為「堯之所以授舜」的證據，其次則引「人心惟危，
> 道心惟微，惟精惟一，允執厥中」四句為「舜之所以授
> 禹」的證據。這豈不明明是以「道體」的傳衍界定「道
> 統」的授受嗎？然而舜又為什麼在堯的一句之外，再添
> 上三句呢？〈中庸序〉的解答是：非如此便不能充分說
> 明原來一句的涵義。這一解答含蘊著一個重要的絃外之
> 音，即關於「道體」的闡發必然愈後而愈詳。明眼的讀
> 者不難看出：這正是朱熹暗中為後世的「道學」（從孔、
> 孟至宋代）奠定所謂「傳道正統」的地位。打穿後壁說，
> 上古聖王所發現和實踐的「道體」，通過宋代道學家（包
> 括朱熹自己在內）的闡釋，已取得與世俱新的意義。在
> 位君主只有掌握了當代「道學」所提供的「治天下」的
> 原則，才能使自己的統治合乎「道」。這是理學家所謂
> 「治君行道」的主要涵義。[102]

朱熹一方面建立堯舜三代道統體系，主要是針對陳亮為後世驕
君助威的討論而來，另一方面則讚揚孔子「開來學」的作用。
此外，陳榮捷〈新道統〉論〈中庸序〉亦謂：

---

102 宋英時：〈道學、道統與「政治文化」〉，《宋明理學與政治文化》(臺北：
　　允晨文化，2004 年)，頁 47。

〈中庸章句序〉不特首用「道統」之詞，又於道統內容，
以道學思想充實之。從此而後，道統乃成為一哲學範疇。
（中略）以道心人心十六字訣釋道統，使有確定之哲學
意義，實為一極有價值之貢獻。[103]

道統的主軸就是道體，同時，朱子為道統取得了「與世俱新」
的意義，而在位君王唯有掌握當代道學所提供「治天下」的原
則，當使統治合乎「道」。朱熹在此〈序〉中，以「道統」專
指「內聖外王」合一的上古三代，而以「道學」專指道治分裂
以後，從孔子到宋代的儒學傳統。漢、唐以下的「人主」雖能
「以智力把持天下」，但是，若想改變「天下無道」到「天下
有道」，唯有接受「道學」關於「內聖外王」的基本規定及其
推行的程序，基此，「治道」必然成為秩序重建的始點。因此，
在宋代理學家的觀念中，「道學」既不應僅為「空言垂世」，
其功用更不應僅止於提高個別的人的精神境界。如程頤所言：
「君子之道，貴乎有成，有濟物之用，而未及乎物，猶無有也。」
（《程氏粹言・論學篇》）因此，道學若無法外王化，則為未
濟。黃榦一方面繼承朱熹《中庸章句・序》劃分「道統」與「道
學」的基本觀點，另方面又發展此一觀點，將「道統」一詞賦
予新意義，統合「道統」與「道學」兩階段，一貫而下，上起
堯、舜，下迄朱熹。「道統」一詞的涵義於是出現變化，學者
對此論述既詳，[104]故此處不再贅述。

---

103 陳榮捷：《朱子新探索》(臺北：學生書局，1988 年)。
104 相關資料可見余英時：《朱熹的歷史世界：宋代士大夫政治文化的研究》(臺
北：允晨文化，2003 年)，頁 42；余英時：《宋明理學與政治文化》，第二

第四節　吳澄〈道統圖并序〉、〈建康路三皇廟記〉、〈十賢祠堂記〉

　　吳澄，號草廬，江西崇仁人，生於南宋理宗淳祐九年(1249)，卒於元惠宗元統元年(1333)，與許衡齊名，人稱「南吳北許」。吳澄自述在十六歲即已「厭科舉之業，慨然以豪傑之士自期」[105]，於是致力於此，「豁然似有所見，坦然知其易行，而力小任重」，「固未敢自以為是，而自料所見愈於人矣」。其人對道統論的闡述與其師承有一定關係[106]，十九歲時曾做〈道統圖〉，圖旁附上〈道統圖并序〉說明：

> 道之大原出於天，聖神繼之。堯、舜而上，道之元也；堯、舜而下，其亨也；洙泗鄒魯，其利也；濂、洛、關、閩，其貞也。分而言之，上古則羲、黃其元，堯、舜其亨乎？禹、湯其利，文、武、周公其貞乎？中古之統，仲尼其元，顏、曾其亨，子思其利，孟子其貞乎？近古之統，周子其元也，程、張其亨也，朱子其利也，孰為

　　　章〈道學、道統與政治文化〉。
[105]　呂祖謙、朱熹：《近思錄》，卷 14。
[106]　黃百家言吳澄「從學於程若庸，為朱子之四傳」，程氏是饒魯弟子，饒魯則為黃榦高足，黃榦為朱門人，故吳澄為朱子的四傳弟子。然據方旭東研究，指出吳澄之於程若庸，其學乃是「私淑於經」，「澄之學為朱學自無疑，然非沿襲晚宋朱門後學，亦明矣。」參見《吳澄評傳》附錄〈吳澄傳記資料纂證〉，頁 293。一般認為吳澄學本朱熹，亦兼宗陸九淵，主張朱陸會合。

> 今日之貞乎？未之有也，然則可以終無所歸哉？蓋有不
> 可得而辭者矣！

吳澄將道統發展歷程分為上古、中古、近古三階段，每個階段
又據《易經》階段，細分為元、亨、利、貞，從伏羲、黃帝等
聖神繼天之道開始，依序為堯、舜、禹、湯、文、武、周公、
孔子、顏回、曾子、周敦頤、程顥、程頤、張載、朱熹，然而，
近古階段的朱熹被擺放的位置是起轉的「利」，而非終結的
「貞」，吳澄不禁追問，誰又當是今日之「貞」呢？這樣的處
理排列，或許是吳澄隱隱然欲以「貞」為己任，[107] 躋身至道統
系譜之中，以下文字或許可以印證此說：

> 夫所謂豪傑之士以其知之過人，度越一世而超出等夷也。
> 戰國之時，孔子徒黨盡矣，充塞仁義，若楊墨之徒又滔
> 滔也。而孟子生乎其時，獨願學孔子而卒得其傳。當斯
> 時也，曠古一人而已，真豪傑之士哉！孟子沒千有餘年，
> 溺於俗儒之陋習，淫於老、佛之異教，無一豪傑之士生
> 於其間。至於周、程、張、邵，一時迭出，非豪傑其孰
> 能與於斯乎？又百年，而朱子集數子之大任，則中興之
> 豪傑也。以紹朱子之統自任者，果有其人乎？[108]

此段文字之後，吳澄明白道出「及知聖賢之學而未能學也，於

---

107 侯外廬等人主編《宋明理學史》第二十六章第二節「吳澄的道統論與經學」
　　中指出吳澄在十九歲時有一些自比程朱的溢於言表的話，都表明在〈道統圖〉
　　中欲以貞自任，自許為朱子之後一人。
108 虞集：《道園學古錄》卷44。

是以豪傑自期，以進於聖賢之學而又欲推以堯舜其君民而後已也」。吳澄另有「道統十四聖」與「道統十賢」說法，他認為人文起源乃是伏羲氏開創的文化，至於三皇等聖人則為道統的發祥者，云：「鴻荒以來，載籍莫考，莫不知幾千萬年而有伏羲氏、神農氏、黃帝氏，仰觀俯察，畫卦造《易》，開人文民用之先。」[109]此外，吳澄在為撫州重修三皇廟所做的〈記〉中，提到祭祀孔子乃因其「集群聖之成」，並提出十四聖相傳以道的統緒：

> 夫天生億兆人，而人類之中有聖人者，卓冠乎眾，天命之以司億兆人之命。一元混闢，幾百千年而有包犧氏、神農氏、黃帝氏，是為三皇。纂其緒者，少昊氏也、顓頊氏也、高辛氏也，而堯、舜焉，而禹、湯焉，而文、武焉，此十有二聖，南面為君者也；北面為臣，則有周公焉，此十有三聖，達而在上者也。窮而在下，則有孔子焉，此十有四聖。或以其道而為天下之主，或以其道而為天子之宰，或以其道而為萬世帝王之師。德天德，心天心，而生天民之命者，位不同而道一也。體其道之全，俾世享安靖和平之福，而民得以生其生者，儒道也。……三皇於十有四聖為最初，孔子於十有四聖為最後，儒學之祀其最後者，尊其集群聖之聖者。[110]

吳澄以伏羲、神農、皇帝、少昊、顓頊氏、高辛、堯、舜、禹、

---

109 〈建康路三皇廟記〉，《吳文正集》卷38，影印文淵閣第1197冊，頁394。
110 〈撫州重修三皇廟記〉，《吳文正集》卷38。

湯、文、武、周公、孔子為十四聖，相傳以道，論述了早期聖
人之道的傳授統緒。其或以道為天子，或以道為輔宰，或以道
為帝王之師，地位雖有不同，但相傳的聖人之道無異。至於孟
子之後，道統失傳，吳澄又提出「道統十賢」，主要是肯定朱
熹對於發揮二程道統的歷史功績，而且認為許衡有功於朱子學
的北傳與推廣，故特別表彰元代許衡恢復程朱道統的歷史貢
獻，使儒家聖人之道的傳授統緒更為完善：

> 孟子歿而傳者無其人，夫子之道泯矣，歷千數百年之久，
> 河南二程子出，而孟子之傳乃續。同時邵子，衛人也，
> 司馬公，陝人也，皆遷洛中。張子，秦人也，亦以邵程
> 之在洛而時造焉。……又思程子之學，其原肇於營道之
> 周，而其流衍於婺源之朱、廣漢之張、東萊之呂。至覃
> 懷許文正公尊信四書小學書以教，而國朝士大夫始知有朱
> 子之學。帝制以十賢從祀孔子廟，後學躍然有所興起。[111]

吳澄認為，孔子傳顏子、曾子，再傳子思，且「道統之傳，稱
孔、孟，而顏曾、子思固在其中，豈三子不足以紹孔而劣於孟
哉？」。孟子之後，道統失傳，二程接續了孟子之傳，邵雍、
周敦頤、司馬光、張載、朱熹、張栻、呂祖謙亦被吳澄納入道
統序列。除此之外，許衡有功於朱子學的傳播，因此也應列入
其中。從吳澄的十賢說觀之，宋以來傳儒家聖人之道的重要人
物均包括在內。而後朱門學者李元綱[112]編纂的〈聖門事業圖〉，

---

111 〈十賢祠堂記〉，《吳文正集》卷 41。
112 李元綱，號百鍊真隱，杭州錢塘人(今浙江杭州)，力學好古，潛心道學。

以圖表顯示道之傳承，第一圖為「傳道正統」，始自堯舜，終及二程。[113]至元代初葉，又有趙復製作「傳道圖」與「師友圖」[114]，將朱門弟子視為同一門派。

第五節　結　論

在朱熹道統說中，把帝王統道轉變為儒者統道，其道統中並無周公以後歷代帝王的地位，與其說是為了制衡君權，不如說是道在師儒，希望國君能受教化，以實行道德政治。周、孔分家象徵的是政教分離，分離以後，以孔子為中心的從祀制度因而成立。[115]誠如余英時所言：「朱熹一方面運用上古『道統』的示範作用以約束後世的『驕君』，另一方面則憑藉孔子以下『道學』的精神權威，以提高士大夫的政治地位。」[116]由此可

---

113 李元綱：〈聖門事業圖〉，收於《百川學海》，頁 999-1001。蘇費翔認為今日流傳的〈聖門事業圖〉並非真的，因為圖集包含十一幅圖，而序言僅提到十幅，且序言對圖表談得很模糊，並未給予任何相匹配的信息。因此，不應該過於看重這一圖表。詳參〔德〕蘇費翔：〈道統與《中庸》〉，收於《文化權力與政治文化：宋金元時期的《中庸》與道統問題》(北京：中華書局，2018 年)，頁 88。

114 《元史》卷 189，頁 4314。

115 文廟祭祀是道統的象徵，以周公和帝王為中心的祭祀是統治的象徵。相關資料可見清華大學歷史系合編《清華歷史講堂續編》(北京：生活・讀書・新知三聯書店出版社，2008 年)，頁 340。

116 余英時認為「朱熹有意將道統與道學劃分為兩個歷史階段：自上古聖神至周公是道統的時代，其最顯著的特徵是內聖與外王合而為一。在這個階段中，在位的聖君賢相既已將道付諸實行，則自然不需要另有一群人出來，專門講求道學了。周公以後，內聖與外王已分裂為二，歷史進入另一階段，這便是孔子開創道學的時代。宋代周、張、二程所直接承續的是孔子以下的道學，而不是上古聖王代代相傳的道統。」朱熹一方面說子思作《中庸》是「憂道

知，朱子道統觀蘊涵他的政治理念，非僅哲學思想。此外，William Theodore de Bary[117]有言：

> 所以說「道統」這個觀念，體現了一個理想：某種天賦異稟的個人可以做為社會改革與人之更新的泉源。與此理想結合在一起者，認為心具有道德與社會的自覺能力，認為心對於人的行為之後果具有高度的責任感，認為它意涵著人必須把良心加以彰顯——這種良心依朱子之見是不依傍於外在權威的。[118]

相較於訴諸外在權威的帝王統道而言，道統所強調的是道德意涵，乃具有高度責任感，而能彰顯人心。朱子等知識份子又將道統獨立於治統之外，因此，兩者互為制衡，並行天下。朱子逝後，朱子門人深感陸學昌熾、朱學不振，乃負起匡正朱學之責，因此，將朱熹放入道統傳承脈絡是最大公約數，但接著所展現的道統觀則有些許差異，以下將朱子及其後學道統說內容，茲列表呈現，以觀異同：

學之失其傳」，另一方面又說上古聖神有道統之傳，可見道學與道統有一定的分別。自上古聖神至周公是道統的時代，其最顯著的特徵為內聖與外王合而為一。周公之後，便是孔子開創道學的時代。詳見氏著：《朱熹的歷史世界—宋代士大夫政治文化的研究》(臺北：允晨文化公司，2003 年)，頁 42、67。

117 狄培理(1919-2017)，美國漢學家，原譯為狄百瑞，已於 2016 年透過唐獎基金會正式更名。

118 狄百瑞撰，李弘祺譯：《中國的自由傳統》(臺北：聯經出版事業公司，民國 72 年)，頁 13。

姓名	出　處	次　序	備　註
朱熹	《中庸章句·序》	伏羲、神農、黃帝、堯、舜、禹、成湯、文王、武王、皋陶、伊尹、傅說、周公、召公奭、孔子、顏回、曾參、子思、孟子、二程。	計21人。朱熹雖拔高周敦頤地位，但此處因依《中庸章句·序》說法，故未列周子。
陳淳	〈師友淵源〉	伏羲、神農、黃帝、堯、舜、禹、湯、文王、武王、皋陶、伊尹、傅說、周公、召公奭、孔子、顏淵、曾子、子思、孟子、周敦頤、二程、朱熹。	計23人。於朱熹道統說基礎上補上周敦頤，並列出朱子。
黃榦	〈聖賢道統傳授總敘說〉	堯、舜、禹、湯、文王、武王、周公、孔子、顏淵、曾子、子思、孟子、周敦頤、二程、朱熹。	計16人。未列上古聖神的伏羲、神農、黃帝以及身為臣子的皋陶、伊尹、傅說、召公奭。(周公作為攝政王，故在君列)
吳澄	〈道統圖并序〉、〈建康路三皇廟記〉、〈十賢祠堂記〉	伏羲、神農、黃帝、少昊、顓頊氏、高辛、堯、舜、禹、湯、文、武、周公、孔子	計28人。未列身為臣子的皋陶、伊尹、傅說、召公奭。

		(以上為十四聖) 顏子、曾子、子思 孟子(承上啟下) 周敦頤、二程、邵 雍、司馬光、張載、 朱熹、張栻、呂祖 謙、許衡。(以上為 十賢)	
李元綱	〈聖門事業圖〉	伏羲、神農、黃帝、 堯、舜、禹、湯、 文王、武王、周公、 孔子、曾子、子思、 孟子、周敦頤、程 明道、程伊川、朱 熹。	計 18 人。未列 身為臣子的皋 陶、伊尹、傅 說、召公奭；亦 未列顏淵。
趙復	〈傳道圖〉	伏羲、神農、堯、 舜、孔子、顏回、 孟子、周濂溪、程 明道、程伊川、張 橫渠、朱熹。	計 12 人。未列 黃帝、禹、湯、 文王、武王、皋 陶、伊尹、傅 說、周公、召公 奭、曾子、子 思，多列張橫 渠。

　　正如孔門弟子與孔子在學術地位與象徵意義上的明顯落差，朱子門人及其後學與朱子地位的懸殊，自是不言可喻。研究朱子後學的道統觀，其意義與價值與研究朱熹道統觀的意義與價值自有主從之別。另則，朱子門人及其後學雖同宗朱子之學，但因相異的個人際遇與不同的時代背景影響下，道統觀有

其不同特色。大致說來，相較於朱學籠罩的元代，身處南宋的
門人因鑒於當時陸學昌熾，提出道統之說乃時勢所趨，力圖護
衛朱熹地位，具有更強烈的使命感。本章重點整理如下：

其一，由整理的表格可以看出，朱子的「上古聖神」幾句，
陳淳以「伏羲、神農、皇帝」解之，具有哲學思想意涵；黃榦
根據〈太極圖說〉的宇宙觀以太極陰陽五行之秀靈解釋「繼天
立極」，上古聖神則指堯舜，解釋不同。此外，陳淳列出身為
臣子的皋陶、伊尹、傅說、召公奭，著重君臣相互授受、接續
道統，看似複製師說，實則可看出陳淳對朱子學說的熟悉與依
循，並能體會朱子用心。如元儒陳櫟[119]於〈勤有堂隨錄〉的比
較：「陳安卿當為朱門第一人，看道理不差，其文字純正明暢，
黃直卿、李方子多有差處。」[120]陳櫟對陳淳推崇備至，除了就
其文字給予肯定外，對《北溪字義》更有高度評價，並認為黃
榦及李方子則略遜一籌。另則，陳淳把「道統」改成「宗統」，
或許受朱子〈屏弟子員告先聖文〉影響，卻也難說一定不失朱
子原意。黃榦用義理的傳承來說明道統，或不如陳淳的君師上
下之分明白，但黃榦的義理歸納也來自朱子。三代聖君賢相相
繼，道在上而不在下，其所以相繼者在道而非位，黃榦的發明，
其中湯「以義制事，以禮制心」，武王受丹書之戒，本於《大
學或問》湯之盤銘一段，其餘傳授亦有經典依據，如周公「敬
以直內，義以方外」來自周公繫爻辭的傳說等，因此黃榦論三
代君相間道統相授受，不能說是走失朱子之意。至於吳澄元亨

---

119 〔宋〕陳櫟(1252-1334)，字壽翁，徽之休寧人。因所居堂曰「定宇」，故世
　　稱定宇先生。著有《四書發明》。
120 〔宋〕陳櫟：《定宇集》(臺北：臺灣商務印書館，民國 60 年)，頁 271。

利貞之說，雖離朱子愈遠，但不可否認其豪傑傳道，與納入許衡的說法，都是很有創意的。因此生當今日，似不必再去為朱子後學爭正統，而可多思考他們解說朱子道統觀時的依據，與適時的發展。

其二，上述諸人雖同宗朱子之學，但對陸學態度卻不盡相同。在〈師友淵源〉中，陳淳標注撰作此篇的緣由是有鑒於當時陸學昌熾，提出道統之說乃時勢所趨，力圖護衛朱熹地位。黃榦等人則未對撰作背景緣由提出說明。全祖望曾謂：「朱子之門人孰如勉齋？顧門戶異同，從不出勉齋之口。抑且當勉齋之存，使人不敢竟門戶。」[121]因此，朱子後學提出道統之說，或許皆因推崇朱子，但對陸學的態度卻不盡相同。

其三，朱子後學的道統說有一普遍特色，即是對朱子地位的標舉，故會花更多篇幅於其人學說或貢獻上，然而，綜觀各道統之說，多為正面切入，開展脈絡，陳淳則不然，當他論述道孟軻之後道統不明的現象時，則特別從反面臚列幾位無法列入道統說的儒者，並一一點明缺失，對荀卿、揚雄、董仲舒、王通、韓非等儒提出批評，由此正反論析，更顯完備，亦表明對道統人物的諸多肯定，肯定道統人物並未有「不識大本」、「見道不分明」、「不知至善之所出」、「不知全體具於吾身」[122]等問題。另則，對於排除在外的儒者之緣由，也在一定程度中受朱熹影響。

本章承繼前人對朱熹道統說的基礎而進行對後學道統觀的發展，放在整個學術史中，而能將朱子學說繼續往前推進。

121　《宋元學案》卷63〈勉齋學案〉。
122　以上出自陳淳〈師友淵源〉中對諸儒的批評。

第二章　「仕宦」與「隱逸」

—— 朱子門人的出處進退

第一節　問題緣起

　　《易經・繫辭》：「君子之道，或出或處，或默或語。」
不論是出仕為官或是居家退隱，皆能行道。士人遵循孔、孟以
「士志於道」的中心思想，「學而優則仕」[1]，使道行，是士之
職責，同時發揮儒家「得志，澤加於民；不得志，修身見於世」
[2]的理想。張載曾說：「朝廷以道學、政術為二事，此正自古之
可憂者。」[3]未出仕者，擁有道學卻遠離政術，以修身自保、涵
養心性為高，雖幽居僻處，卻非託名自高、以詭祿仕，而是以
幽偏之地怡情養性，陶然自樂。[4]程頤有如下看法：

1　朱熹：《四書章句集注》：「優，有餘力也。仕與學，理同而事異，故當其事
　者，必先有以盡其事而後可及其餘。然仕而學所以資其事者益深；學而仕，
　所以驗其學益廣。」
2　《孟子・盡心》。
3　〔宋〕張載、張錫琛點校：《張載集・文集佚存》(北京：中華書局，1978
　年)，頁349。
4　《新唐書・隱逸傳・序》將古之隱者分為三類：「上焉者身藏而德不晦，故自
　放草野，而名往從之，雖萬乘之貴，猶尋軌而委聘也；其次挈治世具弗得

> 傳曰：士之自高尚，亦非一道，有懷抱道德，不偶於時，
> 而高潔自守者；有知止足之道，退而自保者；有量能度
> 分、安於不求知者；有清介自守、不屑天下之事，獨潔
> 其身者。此處雖有得失小大之殊，皆自高尚其事也。〈象〉
> 所謂「志可則者，進退合道」者也。[5]

此處舉《易經》「蠱卦」上九陽爻為例，象徵以陽剛之才高尚
自守其事，有篤於志而不事王侯。其中，有的懷抱道德，卻不
合於時、待時而動；有的功成身退，明哲保身；有的則量度己
身之不足，安於貧賤；有的則獨善其身，此四者皆進退合道。
至於屢召屢辭的朱子，曾謂「科舉累人不淺，人多為此所奪」[6]、
「問科舉之業妨功，曰：程先生有言：不恐妨功，惟恐奪志」[7]、
「以科舉為為親，而不為為己之學，只是無志；以舉業為妨實
學，不知曾妨飲食否？只是無志也」[8]，可見朱子並不反對應舉，
事實上，「舉業亦不害為學，前輩何嘗不應舉」、「若讀書上
有七分志，科舉上有三分，猶自可；若科舉七分，讀書三分，
將來必被他勝卻，況此志全是科舉。」[9]此外，學術發展與政治

伸，或持峭行不可屈於俗，雖有所應於爵祿也，汎然受，悠然辭，使人君常
有所慕企，怊然如不足，其可貴也；末焉者，資橈薄，樂山林，內審其才，
終不可當世取捨，故逃丘園而不返，使人常高其風而不敢加訾焉。《新唐書》
卷 196，頁 5593。

5　《近思錄》第七卷。
6　《朱子語類》卷 7。
7　《朱子語類》卷 13。
8　《朱子語類》卷 13。
9　《朱子語類》卷 13。

支持確實有一定關聯，[10]朱子認為政治的好壞取決於皇帝用人的得當與否。[11]篤實的朱子學者，放棄科舉，但是否就逃避經世濟民的任務？本章考察朱子門人仕宦情形，歸納出仕與歸隱的比例，檢覈不同抉擇下，在道學陣營中的地位與學術工作如何？探討他們如何實踐朱子之教，進而思考朱子學對南宋政治社會的影響。

第二節　依違於仕隱間的朱子

朱熹的一生，主要是在讀書、著書、講學中度過，雖說他免不了要走「學而優則仕」的道路，但實則不熱衷於此。其門人吳壽昌曾載趁朱子酒酣興逸，遂請醉墨一事，從中可觀朱子對仕宦態度：

> 先生為作大字韶國師頌一首，又作小字杜牧之〈九日詩〉一首，又作大字淵明〈歸田居〉一首。有舉子亦乘便請之。先生曰：爾既習舉業，何事於此？請之不已，亦為作淵明〈阻風於規林〉第二首。且云：但能參得此一詩

---

10 如王夫之認為張載學術不彰，乃因其人素位隱居，未得巨公耆儒支持相為羽翼所致：「學之興於宋也，周子得二程子而道著。程子之道廣，而一時之英才輻輳於其門。張子教學於關中，其門人未有殆庶者。而當時巨公耆儒，如富、文、司馬諸公，張子皆以素位隱居而未由相為羽翼。是以其道之行曾不得與邵康節之數學相與頡頏，而世之信從者寡，故道之誠然者不著，貞邪相竟而互為畸勝。」王夫之：〈張子正蒙注序論〉，《張載集》，頁409。

11 〔日〕土田健次郎：〈朱熹的帝王學〉，2018 宋明理學國際論壇暨上海儒學院第二屆年會。

透，則爾今日所謂舉業與夫他日所謂功名富貴者，皆不
必經心可也。[12]

關於朱子出處進退，學者們討論既多且豐，以下擇要介紹：

陳榮捷盛讚朱子固窮，認為他安貧而專注教學：「朱子身
既貧，而篤志聖學。但願得祠官微祿，支持生活，得以安心教
學，如現時學者冀獲政府或基金會獎學金，專事研究者。」[13]曾
春海則從朱子所處的時代背景討論政治思想，提出四大主張[14]：
一是以正君心為恢復失土的根本治道；一是辨別王道、霸道的
不同；一是主張德治，但以刑治為輔；一是對時政提出改革方
法。另則，Conrad M. Schirokauer 從朱熹的從政記錄中歸結道：
「他並沒有能夠將他的社會責任感轉變成有效的政治行動。朱
熹不僅藉著宣揚聖賢的真教訓，而且藉著奏議來批評政府，以
盡儒者的社會義務，他在服官職時非常盡責，然而他並沒有進
一步主動為他的理想而戰，在任何時候他盡可能避免官職和從
政。」[15]指出朱熹接受儒家學說中學者應修己且致力改進社會的
要求，卻未將責任感轉變為有效的政治行動，辭官乃是避免捲
入派系鬥爭，是缺乏安全感的防禦性反應。不過，劉子健卻認
為「朱熹自己幾次婉辭進用。因為他審度時局，很難立足，雖

---

12 《朱子語類》卷 107。
13 陳榮捷：《朱學論集》(臺北：臺灣學生書局，1988 年)，頁 207。
14 曾春海：〈朱熹的政治思想〉，收於鍾彩鈞主編：《國際朱子學會議論文集》
(臺北：中央研究院中國文哲研究所籌備處，1993 年)，頁 1017-1046。
15 Conrad M.Schirokauer(謝康倫)：〈朱熹的政治生涯：一項內心的衝突〉("Chu
Hsi's Political Career：A Study in Ambi-valence")，收於中央研究院中美人文
社會科學合作委員會編譯：《中國歷史人物論集》(臺北：中山學術文化基金
董事會，1973 年)，頁 243。

曾一度立朝，僅四十餘日而去。其實，在很多年以前，他早就
慨然有不仕之志」，並認為朱子學派「不滿當代制度。一入仕
途，就感到不合時宜，往往屢起屢落，甚至急流勇退。」[16]實則，
朱熹出仕志在邦國，退隱則意存著述：

> 隆興元年，復召。時相湯思退方倡和議，除熹武學博士，
> 待次。乾道元年促就職，既至而洪適為相，復主和，論
> 不合，歸。三年，陳俊卿、劉珙薦為樞密院編修官，待
> 次。五年，丁內艱。六年，工部侍郎胡銓以詩人薦，與
> 王庭珪同召，以未終喪辭。七年，既免喪，復召，以祿
> 不及養辭。九年，梁克家相，申前命，又辭。克家奏熹
> 屢召不起，宜蒙褒錄，執政俱稱之，上曰：「熹安貧守
> 道，廉退可嘉。」特改合入官，主管台州崇道觀。熹以
> 求退得進，於義未安，再辭。淳熙元年，始拜命。二年，
> 上欲獎用廉退，以勵風俗，龔茂良行丞相事以熹名進，
> 除秘書郎，力辭，且以手書遺茂良，言一時權幸。群小
> 乘間讒毀，乃因熹再辭，即從其請，主管武夷山沖佑觀。
> 五年，史浩再相，除知南康軍，降旨便道之官，熹再辭，
> 不許。至郡，興利除害，值歲不雨，講求荒政，多所全
> 活。訖事，奏乞依格推賞納粟人。間詣郡學，引進士子
> 與之講論。訪白鹿洞書院遺址，奏復其舊，為《學規》
> 俾守之。明年夏，大旱，詔監司、郡守條其民間利病，

---

16 兩段引文皆出於劉子健：〈宋末所謂道統的成立〉，收入氏著：《兩宋史研究彙編》(臺北：聯經出版事業公司，1987年)，頁271。

> 遂上疏言：「天下之務莫大於恤民，而恤民之本，在人
> 君正心術以立紀綱。蓋天下之紀綱不能以自立，必人主
> 之心術公平正大，無偏黨反側之私，然後有所繫而立。」
> 且云：「莫大之禍，必至之憂，近在朝夕，而陛下獨未
> 之知。」上讀之，大怒曰：「是以我為亡也。」熹以疾
> 請祠，不報。

紹興十八年(1148)，朱熹時年十九，進士及第，至慶元五年(1199)
致仕，共歷仕高宗、孝宗、光宗、寧宗四朝，在五十二年的仕
宦生涯中，朱子奏請派為祠官二十次[17]，實際出任官職的時間則
有七年半，多是任地方親民官[18]。紹興二十九年(1159)韓元吉與
朱熹同被朝廷召用，韓元吉入朝，而「熹卒不至」[19]。淳熙三年
(1176)韓元吉舉朱熹自代，朝廷召朱熹為秘書省校書郎，朱熹
又力辭，並答書韓元吉稱「二十年來自甘退藏，以求己志。所

---

17 關於朱熹擔任祠職的情形，陳榮捷統計朱子一生奏請派為祠官二十次，被派
　　監督主管道教六宮觀十一次，計有二十二年又七月。詳參陳榮捷：〈朱子固
　　窮〉，收於氏著：《朱學論集》(臺北：臺灣學生書局，1988 年)，頁 207-213。
　　此外，《宋史》卷 170〈職官志〉對宋制設祠祿之官有所記載：「以佚老優
　　賢，先時員數絕少，熙寧乃增置焉。……時朝廷方經理時政，患疲老不任事
　　廢職，欲悉罷之，乃使任宮觀以食其祿。」
18 紹興二十三年(1143)，朱熹任泉州同安主簿；淳熙六年(1179)，受命知南康軍，
　　在任兩年；淳熙八年(1181)，任提舉兩浙東路常平茶鹽公事；紹熙元年(1190)，
　　知漳州，後因數喪去職；紹熙五年(1194)，任知潭州、荊湖南路安撫使。關
　　於朱熹政治生涯，可參考孟淑慧：《朱熹及其門人的教化理念與實踐》附錄
　　二「朱熹擔任官職、祠職及重要教化事跡年表」(臺北：國立臺灣大學出版委
　　員會，2003 年)，頁 418-425。
19 李心傳：《建炎以來繫年要錄》(北京：中華書局，1956 年)，卷 183，頁
　　3050。

願欲者，不過修身守道」[20]。對此，韓元吉站在儒家入世角度，致書朱熹云：「無用於世，非復士大夫流，不知元晦平日所學何事？」[21]，強調道學家不能放棄外王事業。儒家標舉道義，以王道為最高政治理想。但宋室南渡後，如何富國強兵，取得漢唐盛世那樣的功業，以收復失地，消除金人威脅，成為時代的課題。朱熹、陳亮、陳傅良就圍繞王霸義利問題展開了論辯。淳熙十一年(1184)陳亮致書朱熹，提出「義利雙行、王霸並用」[22]之說。但朱熹不認同此說，稱陳亮「義利之別不明，舜蹠之途不判，眩流俗之觀聽，壞學者之心術」[23]，並勸他以「以醇儒之道自律」[24]兩人論辯長達十多年。

朱子在朝針砭「左右便嬖之私」，更提出「輔翼太子」、「選任大臣」、「振肅紀綱」、「愛養民力」、「諸將求進」等要點。然而，朱熹一生雖建言頗多，受君王採納者卻少。李心傳在《建炎以來朝野雜記》中明確指出「晦庵先生，非素隱者也，欲行道而未得其方也。」[25]，朱子持道從政，卻與世俗價值發生衝突，如黃榦〈朱子行狀〉所言：

---

20 朱熹：《晦庵先生朱文公文集》(上海：上海古籍出版社，2002年)，卷25，頁1128。

21 韓元吉：《南澗甲乙稿》(上海：上海商務印書館，1936年)，卷13，頁252。

22 陳亮：《陳亮集》(北京：中華書局，1987)，卷28，頁340。

23 朱熹：《晦庵先生朱文公文集》(上海：上海古籍出版社，2002年)，卷36，頁1590。

24 朱熹：《晦庵先生朱文公文集》(上海：上海古籍出版社，2002年)，卷36，頁1581

25 李心傳撰、徐規點校：《建炎以來朝野雜記》乙集(北京：中華書局，2000年)，卷8〈晦庵先生非素隱〉，頁632-637。

> 先生平居惓惓，無一念不在於國。聞時政之闕失，則戚
> 然有不豫之色，語及國勢之未振，則感慨以至泣下。然
> 謹難退之禮，則一官之拜，必抗章而力辭；屬易退之節，
> 則一語不合，必奉身而亟去。其事君也不貶道以求售，
> 其愛民也不徇俗以苟安。故其與世動輒齟齬，自筮仕以
> 至屬纊，五十年間，歷事四朝。仕於外者僅九考，立於
> 朝四十日，道之難行也如此。然紹道統、立人極，為萬
> 世宗師，則不以用舍為加損也。[26]

朱子重在建立道統，當知漳州時，為白雲巖紫陽書院撰寫的對聯「地位清高，日月每從肩上過；門庭開豁，江山常在掌上看」，認為儒者肩負社會道義，可昭日月。可惜朱子卻無法得君行道，其人在政治上的不得志乃是「不貶道以求售」。黃榦形塑朱熹於道學集團中的地位，將個人政治行為與議論主張視為道的具體展現。[27]此外，黃榦認為朱熹用舍去就「實關世道之隆替，後學之楷式，年月必記，所以著世變；辭必受書，所以明世教」[28]。由於黃榦認為朱子的辭受官職有其典範意義，故應詳細記載，以為後事楷模。

---

26 黃榦：〈朝奉大夫文華閣侍制贈寶謨閣直學士通議大夫諡文朱先生行狀〉，《勉齋集》(影印文淵閣《四庫全書》冊 1168，臺北：臺灣商務印書館，1986年)，卷 36，頁 423。

27 鄭丞良：〈百年論定─試論黃榦〈朱子行狀〉的書寫與朱熹歷史形象的形塑〉，《漢學研究》第 30 期，2012 年，頁 157。

28 《勉齋集》卷 36〈朱熹行狀〉，頁 49。

第三節　朱子門人的仕宦

朱門人數之盛，分布各省，計有福建一百六十四人，浙江八十人，江西七十九人，湖南、安徽各十五人，江蘇、四川各七人，湖北五人，廣東四人，河南、山西各一人，此為里居可知者為三百七十八人。本章以此為基礎，列表整理朱門中有官職者，主要依陳榮捷《朱子門人》一書的統計，而略有增刪[29]。因朱子門庭人數既眾，則須細察，部分權貴僅與朱熹吟詩酬贈，或討論兵事，即被錄為弟子之列，[30]本章排除講友或其他有爭議者[31]，採較嚴格定義，以奉贄求教或執禮奉侍為執禮奉侍為主。

---

29 統計數據見陳榮捷：《朱子門人》(上海：華東師範大學出版社，2007 年)，頁 12。另則，朱門弟子王瀚仕至朝奉郎，主管建昌軍仙都觀，《朱子門人》頁 40 卻未列為有官職者。

30 如司理參軍趙蕃，《朱子語類》載其與朱子論兵以及門人問及趙蕃之詩，故《實紀》、《淵源錄》、《宗派》等書認為皆為弟子；又如在《學案》、《補遺》皆收錄為門人的尚書趙汝談，實則僅從朱子訂疑義十數條；侍講陳勝私僅與朱熹吟詩酬贈，《實紀》則收為門人。凡此援引高貴，乃為朱門生色，實非朱子門人。詳見陳榮捷：《朱子門人》(上海：華東師範大學出版社，2007年)，頁 12。

31 如石門文(1163-1164)初進士，見於《宋元學案‧槐堂諸儒學案》、《宋元學案‧晦翁學案》，陳榮捷認為「列為晦翁門人，失之太寬」，「以為象山門人是也」，故列為講友；又如門文之弟石宗昭，「列為晦翁門人，恐如韓信將兵，多多益善」，列為〈槐堂諸儒學案〉「較為適當」。此外，如在《朱子實紀》卷 8、《考亭淵源錄》卷 11 被列為朱子門人，《宋元學案‧晦翁學案》列為晦庵講友的何鎬，「一人有祭有銘有志，則其感情之篤，可以知矣！叔京可謂講論至友」，又如列於《宋元學案‧晦翁學案》的趙善佐，《學案》卷 71 列為南軒門人，但有言「先生嘗受學於南軒，亦嘗從朱子遊」，陳榮捷則據《文集》考證「相交甚短，殊非師生之關係，絕無講學痕跡也。」相關諸例不少，以下不再贅述。見於陳榮捷：《朱子門人》(上海：華東師範大學

朱熹門人	字號	出處	官職	籍貫	其他
上官謐	字安國	《宋元學案·滄洲諸儒學案》	知四會縣(廣東)令	邵武軍邵武縣(福建)	
方壬	字若水	《宋元學案·滄洲諸儒學案》	知漳州長泰簿	興化軍莆田縣(福建)	淳熙丁未(1187)進士，淳熙(1174-1189)遊太學謁朱子
方耒	字耕道，號困齋	《宋元學案·劉胡諸儒學案》	宣教郎、知福州連江縣(福建)	興化軍莆田縣(福建)	
方符	字子約	《儒林宗派》卷10	教授德慶府(廣東)、通判徽州(安徽)	興化軍莆田縣(福建)	慶元(1195-1200)進士
蔡沉	字復之，號復	《宋元學案·西山蔡氏	運幹	建寧府建陽縣(福建)	蔡元定次子(1159-1237)

出版社，2007年)，頁44、52、208。

	喬居士	學案》、《宋元學案・晦翁學案》			
蔡抗	字仲節，號久齋，謚文肅	《宋元學案補遺・九峰學案》	尚書	建安(福建)	1193-1259，蔡沈(蔡元定季子)次子，嘗編《朱子語錄》23家共26卷，刊於饒州，是為《饒錄》。
彭龜年	字子壽，謚忠肅	《宋元學案・嶽麓諸儒學案》、《宋元學案・晦翁學案》	煥章閣待制，知江陵府，遷湖北安撫使	清江(江西)	乾道五年進士
王瀚	字伯海，號定庵	《宋元學案・麗澤諸儒學案》、《宋元學案・晦	朝奉郎，主管建昌軍仙都觀(江西)	婺州金華縣(浙江)	兩弟王洽、王漢皆從朱子學。

		翁學案》			
鄒補之	字公袞	《宋元學案‧麗澤諸儒學案》、《宋元學案‧晦翁學案》	常州教授，知休寧縣	開化(浙江)	孝宗淳熙二年(1175)進士
舒璘	字元質，一字元賓	《宋元學案‧廣平定川學案》、《宋元學案‧晦翁學案》	平陽縣令、宜州通判	奉化廣平（浙江）	與慈谿楊簡、鄞縣袁燮、鎮海沈煥並稱「四明四先生」(或「明州四先生」)。
孫應時	字季和，號燭湖居士	《宋元學案‧槐堂諸儒學案》、《宋元學案‧晦翁學案》	常熟知縣、通判邵武軍	餘姚(浙江)	孫介之子
王介	字元石，自號	《宋元學案‧麗澤諸儒	通判、郎官、國子祭酒、修撰、	由姑蘇郡（今江蘇吳	1158-1213

			知府	縣）徙居婺州金華縣(浙江)	
	渾尺居士，諡忠簡	學案》、《宋元學案·晦翁學案》			
王仲傑	字之才，一字文林	《儒林宗派》卷20、《朱子實紀》卷8	南康軍星子知縣	處州縉雲縣(浙江)	《朱子年譜》淳熙六年十月復建白鹿洞書院條下云：「(朱子)乃為訪求遺址，屬教授楊大法、星子令王仲傑重建書院於其地。」
王阮	字南卿	《考亭淵源錄》卷8、《朱子實紀》卷8	知州、主簿、州教授	江州德安縣(江西)	隆興二年(1164)進士，後歸隱廬山，嘗伴朱子遊廬山，嘉定元年(1208)卒。
王洽	字伯禮，	《宋元學案·晦	知當塗縣	婺州金華縣	

	《文集》又字伯豐	翁學案》、《宋元學案・麗澤諸儒學案》		(浙江)	
王遇	字子合，一字子正，號東湖先生	《宋元學案・滄洲諸儒學案》	郎中、長東(福建)令、通判贛州(故治今江西贛縣)、除大宗正丞、遷右司郎中	漳州龍溪縣(福建)	1142-1211，乾道八年(1172)進士。《學案》：「受學於朱張(栻)呂(祖謙)之門而與廖槎溪(德明)、黃勉齋(幹)、陳北溪(淳)友善。」
王漢	字伯紀	《宋元學案補遺》	縣尉	婺州金華縣(浙江)	
任希夷	字伯起，號斯庵，諡宣獻	《宋元學案・滄洲諸儒學案》	尚書	先眉州(今四川眉山)，四世祖伯雨仕	淳熙二年(1175)進士

				閩，因家邵武軍邵武縣（福建）	
朱在	字敬之，一字叔敬	《朱子語類》、《考亭淵源錄》卷16	侍郎	徽州婺源（江西）	朱熹季子
朱野	字文之	《考亭淵源錄》卷16、《宋元學案‧晦翁學案》	庫監	徽州婺源（江西）	朱熹仲子
朱塾	字受之	《考亭淵源錄》卷16、《宋元學案‧晦翁學案》	官奉直大夫湖廣總領	徽州婺源（江西）	朱熹長子
江默	字德功	《考亭淵源錄》卷17	縣丞	建寧府崇安縣(福建)	乾道五年(1169)進士

余大雅	字正叔	《宋元學案·滄洲諸儒學案》、《考亭淵源錄》卷14	廣西經略	信州上饒縣（江西）[32]	自淳熙六年(1179)二月納贄拜謁朱子於江西鉛山觀音寺至淳熙十六年(1189)，十年之間，屢言再見，其謁朱子凡五、六次。[33]
余元一	字景思	《宋元學案·晦翁學案》、《宋元學案·勉齋學案》	知同安縣(福建)、終池州(安徽)通判	興化軍仙游（福建）縣	據《仙遊縣志》載，娶黃勉齋女弟，而勉齋則朱子婿，因得親炙。始見之日，以仁義禮智信分作五論，乃自著文集為贄，朱子

---

32 《朱子實紀》卷 8 頁 9、《考亭淵源錄》卷 14 頁 10、《道南源委》卷 3 頁 34、《宋元學案》卷 69 頁 24 均以為余大雅為南劍州順昌縣(福建)人，然《儒林宗派》、《朱子語類》均列為上饒人。相關討論見陳榮捷：《朱子門人》(上海：華東師範大學出版社，2007 年)，頁 53。

33 田中謙二：〈朱門弟子師事年攷〉，《東方學報》第 44 期，1973 年。

					敬愛之。
吳必大	字伯豐	《朱子實紀》卷8、《考亭淵源錄》卷11、《宋元學案・滄洲諸儒學案》	吉水(江西)縣丞	興國軍(湖北)	據《一統志》卷59頁23載，屬權臣指朱文公為偽學，遂致仕。公早事張栻、呂祖謙，晚師文公。議論操守，為儒林所重。
吳梅卿	字清叔	《宋元學案・滄洲諸儒學案》	中州(河南)文學	台州仙居縣(浙江)	嘉定十七年(1224)進士，因李果齋方子登朱子之門。
吳琮	字仲方	《宋元學案・滄洲諸儒學案》	判院	臨川(江西)	
吳獵	字德夫，稱畏齋先生，	《宋元學案補遺・嶽麓諸儒學案》	江西轉運判官、侍郎、知府	潭州醴陵縣(湖南)，遷居潭州	1143-1213

	諡文定			善化縣(湖南長沙)	
宋之源	字積之	《宋元學案‧清江學案》、《宋元學案‧晦庵學案》	郡守	成都府雙流縣(四川)	陳榮捷《朱子門人》以既未見面，故列為私淑。然而，《宋元學案‧清江學案》：「秘書丞若水子，兄弟皆師朱子。」《文集》卷58：「熹往者入城，幸一再見。」且《淵源錄》卷19、《實紀》卷8、《宗派》卷10，均列為弟子。
杜斿	字叔高	《宋元學案‧滄洲諸儒學案》	秘閣	婺州金華縣(浙江)	

杜煜	字良仲，稱南湖先生	《宋元學案·南湖學案》、《宋元學案·晦翁學案》	主簿	台州黃岩縣(浙江)	嘉定元年(1208)進士
李大同	字從仲	《宋元學案·麗澤諸儒學案》、《宋元學案·晦翁學案》	工部尚書	婺州東陽縣(浙江)	嘉定十六年進士(1223)
李文子	字公謹，號耘叟	《宋元學案·滄州諸儒學案》	知州	邵武(福建)	紹熙四年(1193)進士，李方子之弟。
李方子	字公晦，號果齋	《宋元學案·晦翁學案》、《宋元學案·滄州諸儒學	通判	邵武軍光澤縣(福建)	嘉定七年(1214)進士

		案》			
李 壯 祖	字處謙	《宋元學案·滄州諸儒學案》	縣尉	邵武軍光澤縣(福建)	嘉定辛未(1211)進士
李 宗 思	字伯謙	《宋元學案·滄州諸儒學案》	教授	建寧府建安縣(福建)	隆興元年(1163)進士
李東	字子賢	《宋元學案·滄州諸儒學案》	縣令	邵武軍邵武縣(福建)	紹熙元年(1190)進士
李 修 己	字思永	《宋元學案補遺·晦翁學案》	知州	隆興府豐城縣(江西)	乾道進士(1165-1174)
李 耆 壽	字南公	《宋元學案·滄州諸儒學案》	知州	江陵府江陵縣(湖北)	
李 閌 祖	字守約，號綱	《宋元學案·滄州諸儒	帥幹	邵武(福建)	嘉定辛未(1211)進士

	齋	學案》			
李燔	字敬子，號弘齋，諡文定	《宋元學案‧滄洲諸儒學案》、《宋元學案‧晦翁學案》	直秘閣	南康軍建昌縣（江西永修縣)	紹熙元年(1190)進士
周元卿	字景仁，別字聖予	《宋元學案‧范許諸儒學案》	太府寺主簿	處州遂昌縣(浙江)	
林至	字德久	《宋元學案‧滄洲諸儒學案》	秘書郎	嘉興府華亭縣(浙江)	
林武	字景文	《宋元學案補遺‧滄洲諸儒學案》	縣尉	溫州永嘉（浙江)	
林夔孫	字子武，號蒙谷	《宋元學案補遺‧滄洲諸儒學案	縣尉	福州古田縣(福建)	

		案》			
金朋說	字希傳，號碧岩	《宋元學案補遺·滄洲諸儒學案》	縣丞	徽州休寧縣(安徽)	淳熙丁未(1187)進士
俞聞中	字夢達	《宋元學案·滄洲諸儒學案》	知州	邵武軍邵武縣(福建)	淳熙八年(1181)進士
度正	字周卿，別名性善	《宋元學案補遺·滄洲諸儒學案》	禮部侍郎	合州(四川)	
范念德	字伯崇	《宋元學案補遺·滄洲諸儒學案》	江東帥機	建寧府建安縣(福建建甌縣)	
孫應時	字季和，號燭湖居士	《宋元學案·槐堂諸儒學案》	判軍	紹興府餘姚縣(浙江)	淳熙二年(1175)進士

徐僑	字崇甫，號毅齋，諡文清	《宋元學案·滄洲諸儒學案》	侍郎	婺州義烏（浙江）	淳熙十四年（1187）進士
高禾	字穎叔	《宋元學案補遺·滄洲諸儒學案》	部郎	泉州晉江縣(福建)	
張宗說	字岩夫，自號玉峰遺老	《宋元學案·滄洲諸儒學案》	推官	建寧府崇安縣(福建)	
張彥清	字叔澄	《宋元學案·晦翁學案》	縣令	建寧府浦城縣(福建)	1190-1194 初進士
張洽	字元德，諡文憲	《宋元學案·滄洲諸儒學案》、《宋元學案·晦	直寶章閣	臨江軍清江縣(江西)	1163-1237

		翁學案》			
張揚卿	字清叟	《宋元學案補遺·滄洲諸儒學案》	從政郎，南康軍學教授	溫州永嘉縣(浙江)	
曹叔遠	字器遠，諡文肅	《宋元學案·晦翁學案》	徽猷閣待制	瑞安府瑞安縣(浙江)	
曹彥約	字昌谷，諡文簡	《宋元學案·西山蔡氏學案》	知府	南康君都昌縣(江西)	曹彥純弟，初事朱子於白鹿洞書院
符敘	字舜功	《宋元學案·滄洲諸儒學案》	至得何官，則尚未考[34]	南康軍建昌縣(江西)	
郭磊卿	字子奇，號兌齋，諡正	《宋元學案·滄洲諸儒學案》	御史	船山村(浙江)	其父郭晞宗，其兄郭垚卿、郭哲卿。

---

34 陳榮捷：《朱子門人》，頁135。

	肅				
陳孔碩	字膚仲，一字崇清，稱北山先生	《宋元學案補遺·滄洲諸儒學案》	監丞、禮部郎中	侯官縣（福建）	
陳守	字師中	《宋元學案·滄洲諸儒學案》	將作監	興化軍莆田縣(福建)	
陳宇	字允初	《宋元學案補遺·滄洲諸儒學案》	少卿	興化軍莆田縣(福建)	
陳宓	字師復，稱復齋先生，諡文貞	《宋元學案·滄洲諸儒學案》	直秘閣	興化軍莆田縣(福建)	

陳易	字后之	《宋元學案‧晦翁學案》、《宋元學案‧北溪學案》	縣丞	泉州永春縣(福建)	慶元丙辰(1196)進士。〈北溪學案〉謂其從朱文公學，文公嘗稱其與北溪為學，頗得蹊徑次第。
陳祖永	字慶長	《宋元學案補遺‧滄洲諸儒學案》	司法參軍	紹興府會稽縣(浙江)	
陳範	字朝弼，一字仁復	《宋元學案補遺‧滄洲諸儒學案》	縣丞	遼寧府崇安縣(福建)	
傅柏壽	字景仁	《宋元學案補遺‧滄洲諸儒學案》	尚書	泉州晉江縣(福建)	隆興元年(1163)進士
傅誠	字至叔，	《宋元學案‧滄	太常博士	興化軍仙遊縣	

	號雪澗	洲諸儒學案》		（福建）	
彭蠡	字師範，號梅坡	《宋元學案補遺·滄洲諸儒學案》	吏部尚書	南康都昌（江西）	祖父彭圖南，父親彭立道，長兄彭尋
曾三聘	字無逸，謚忠節	《宋元學案·滄洲諸儒學案》	秘書郎	臨江軍新淦縣(江西)	子曾宏正
曾興宗	字光祖，號唯庵	《考亭淵源錄》卷18	推官	贛州寧都縣(江西)	
湯泳	字叔永，稱靜一先生	《宋元學案·滄洲諸儒學案》	庶官	鎮江府丹陽縣(江蘇)	
程洵	初字國欽，改字允	《考亭淵源錄》卷16	錄事參軍	徽州婺源縣(江西)	1135-1196

	夫，號克庵				
馮允中	字作肅	《宋元學案・滄洲諸儒學案》	縣尉	邵武軍邵武縣(福建)	
馮椅	字奇之	《宋元學案補遺・滄洲諸儒學案》	轉運司幹	南康軍都昌縣(江西)	紹興四年(1193)進士
黃東	字仁卿	《道南源委》卷3	縣丞	福州閩侯縣(福建)	黃榦之仲兄
黃杲	字升卿	《道南源委》卷4	提點	福州閩侯縣(福建)	黃榦之伯兄
黃幹	字尚質	《宋元學案補遺・滄洲諸儒學案》	直學士	福州長溪縣(福建)	
黃榦	字直	《宋元	監台州酒	福州閩	

	卿，號勉齋	學案・勉齋學案》、《宋元學案・晦翁學案》	務、知新淦縣、通判安豐軍知漢陽軍	侯縣(福建)	
黃榦	字子耕，號復齋	《宋元學案補遺・滄洲諸儒學案》	知州	隆興府分寧縣(江西)	1147-1212
黃灝	字商伯，稱西坡先生，諡文簡	《宋元學案・滄洲諸儒學案》	提舉	南康軍都昌縣(江西)	
楊方	字子直，自號淡軒老叟	《宋元學案・滄洲諸儒學案》	提刑廣西	長汀縣(福建)	隆興元年(1163)進士
楊仕訓	字尹叔	《宋元學案補	永福縣(福建)令、遷差	漳州漳浦縣	1162-1219，亦名士訓

		遺·滄洲諸儒學案》	監鄂州(湖北)糧料院	(福建)	
楊長孺	字伯字，別號東山潛夫，諡文忠	《宋元學案補遺·晦翁學案》	縣丞	吉州盧陵縣(江西)	
楊楫	字通老，稱悅堂先生	《宋元學案·滄洲諸儒學案》	漕使	福州長溪(福建)	1142-1213
楊與立	字子權，稱船山先生	《宋元學案·滄洲諸儒學案》	縣令	建寧府浦城縣(福建)	紹興癸丑(1193)進士
董銖	字叔重，稱盤澗先	《宋元學案·滄洲諸儒學案》	婺州金華縣尉	饒州德興(江西)	

	生				
葉文炳	字晦叔	《宋元學案補遺·滄洲諸儒學案》	通判	建州浦城（福建）	淳熙十一年進士
葉武子	字成之	《宋元學案·滄洲諸儒學案》	郴州教授	邵武軍邵武縣(福建)	
葉賀孫	字味道，稱西山先生，諡文修	《宋元學案·木鐘學案》、《宋元學案·晦翁學案》	太學博士兼崇政殿說書	浙江溫州	葉適之子
葉湜	字子是	《宋元學案·滄洲諸儒學案》	縣丞	建寧府建安(福建)	1169-1227
詹介	字敬父，稱玉潤先	《宋元學案補遺·滄洲諸儒學	幹官	處州縉雲縣(浙江)	

	生	案》			
詹淵	字景憲	《宋元學案補遺·滄洲諸儒學案》	監車輅院	建寧府崇安縣(福建)	
詹儀之	字體仁	《宋元學案·麗澤諸儒學案》、《宋元學案·晦翁學案》	侍郎	建德府遂安縣(浙江)	紹興二十一年(1151)進士
詹體仁	字元善	《宋元學案補遺·滄洲諸儒學案》	直龍圖	建寧府浦城縣(福建)	1143-1206
廖德明	字子晦,號槎溪	《宋元學案·晦翁學案》、《宋元學案·滄洲諸儒學	吏部	南劍川順昌縣(安徽)	

		案》			
熊以寧	字伯詩，號東齋	《宋元學案補遺·滄州諸儒學案》	縣尉(授光澤尉)	建寧府建陽縣(福建)	
熊節	字端操	《宋元學案補遺·滄州諸儒學案》	縣丞(知福州閩清縣)	建寧府建陽縣(福建)	唐元五年(1199)進士
趙師琪	字恭父，亦作恭甫、共甫、共父	《宋元學案補遺·滄州諸儒學案》、《儒林宗派》卷10	嘉興府(浙江)判官	天台縣(浙江)	紹熙元年(1190)進士
趙師夏	字致遠，號遠庵	《宋元學案·滄州諸儒學案》	湖北提舉常平茶監，官至朝奉大夫	台州黃岩縣(浙江)	紹熙元年(1190)進士，趙師淵之弟。
趙師恕	字季仁	《宋元學案·晦	漕帥，歷知餘杭(浙江)	長樂(福建)	黃榦門人

		翁學案》、《宋元學案‧勉齋學案》	縣		
趙師淵	字幾道，號訥齋	《宋元學案補遺‧滄州諸儒學案》	太常寺丞、推官通判	台州黃岩縣(浙江)	乾道八年(1172)進士
趙師端	字知道	《宋元學案補遺‧滄州諸儒學案》	知州	台州黃岩縣(浙江)	趙師淵從弟
趙善待	字時舉，一字子善	《宋元學案補遺‧滄州諸儒學案》	知岳州(湖南)與浙東按察使參議官	解州聞喜縣(山西)，寓四明(浙江)	
趙綸	字君任，號時齋	《宋元學案‧滄州諸儒學案》	安撫使	解州聞喜縣(山西)，寓	

				四　明 (浙江)	
劉　子寰	字圻父，自號篁璅翁	《宋元學案補遺·滄州諸儒學案》	殿學士	建寧府建陽縣(福建)	嘉定十年(1217)進士
劉　孟容	字公度	《宋元學案補遺·滄州諸儒學案》	郡守	隆興府(江西)	《淵源錄》卷19：「歷守長沙(湖南)南康(江西)」
劉炳	字韜仲，自號悠然翁，稱睦堂先生，諡文安	《宋元學案·滄州諸儒學案》	侍郎	建寧府建陽縣(福建)	淳熙戊戌(1178)進士，劉爚之弟
劉　剛中	字德言，又字	《宋元學案·滄州諸儒	縣丞	邵武軍光澤縣(福建)	嘉定四年(1211)進士

	近仁，號琴軒	學案》			
劉炯	字季銘	《宋元學案補遺·滄州諸儒學案》	縣令	建寧府建陽縣(福建)	劉爚之弟，庚元己未(1199)進士
劉起晦	字建翁	《宋元學案·晦翁學案》	秘書省正字	興化軍莆田縣(福建)	
劉堯夫	號淳叟	《宋元學案補遺·晦翁學案》	通判	撫州全溪縣(江西)	淳熙二年(1175)進士
劉爚	字晦伯，號雲莊，諡文簡	《宋元學案·滄州諸儒學案》	尚書	建寧府建陽縣(福建)	1144-1216
滕珙	字德章	《宋元學案·滄州諸儒	縣令	徽州婺源縣(江西)	淳熙十四年(1187)進士

		學案》			
滕璘	字德粹，號璞齋	《宋元學案補遺·滄州諸儒學案》	朝奉	徽州婺源縣(江西)	1154-1233，滕珙之兄。
潘友恭	字恭叔	《宋元學案補遺·滄州諸儒學案》	宣撫使幹官	婺州金華縣(浙江)	《上盧縣志》謂其父潘時建月林書院，延朱子相與講明性命之學，淳熙九年(1182)朱子自請罷黜浙東提舉，舉友恭自代。
潘友端	字端叔	《宋元學案·晦翁學案》	太學博士	婺州金華縣(浙江)	淳熙甲辰(1184)進士，與弟友恭同游文公之門。
潘時舉	字子善	《宋元學案·滄州諸儒學案》	國子正錄	台州臨海(浙江)	錄《朱子語類》癸丑(1193)後所聞幾四百條，無所不包。

潘履孫	字坦翁	《宋元學案補遺·滄州諸儒學案》	通判	紹興府(浙江)	乾道二年(1166)生，潘友恭之子。
鄭可學	字子上，號持齋	《宋元學案·滄州諸儒學案》	司戶	興化軍莆田縣(福建)	1152-1212
鄭申之	字唯任	《宋元學案補遺·滄州諸儒學案》	助教	福州(福建)	乾道(1165-1173)中進士
鄭性之	字信之	《宋元學案補遺·滄州諸儒學案》	知樞密院士	福州侯官縣(福建)	1172-1255
鄭昭先	字景明	《宋元學案·滄州諸儒學案》	丞相	福州閩縣(福建)	淳熙十四年(1187)進士
閭丘次孟	字次孟	《宋元學案補	主簿	處州麗水縣	

		遺·滄州諸儒學案》		(浙江)	
諸葛千能	字誠之	《宋元學案·槐堂諸儒學案》、《宋元學案·晦翁學案》	嘉興(浙江)主簿	紹興府(浙江)會稽	淳熙八年(1181)進士
應純之	字純甫	《宋元學案·滄州諸儒學案》	晉兵部侍郎	婺州永康縣(浙江)	與兄應謙之、應茂之俱從朱子。嘉泰三年(1203)進士。
戴蒙	字養伯	《宋元學案·滄州諸儒學案》	縣尉	溫州永嘉縣(浙江)	紹熙庚戌(1190)進士
饒敏學	字遜之	《宋元學案·滄州諸儒學案》	縣令，理宗時(1225-1264)知黔陽(湖南)	邵武軍邵武縣(福建)	建寶山書院
饒幹	字廷	《宋元	縣丞	邵武軍	淳熙二年

	老	學案·滄州諸儒學案》		邵武縣(福建)	(1175)進士
襲蓋卿	字夢錫	《宋元學案·滄州諸儒學案》	右正言	衡州常寧縣(湖南)	

　　歸結統計結果，朱子門人四百六十七人之中，有官職者僅一百三十一人，佔百分之二十八，乃屬少數。從中可得到以下幾點資料：

一、依籍貫而言

　　計有福建五十九人，浙江三十六人，江西二十五人，湖南、湖北、安徽、四川、山西各二人，江蘇一人。其中，任官人數最多的福建、浙江、江西，實則在朱子門人中原本就佔多數，若依比例來看，則分別佔百分之三十六(59/164)、百分之四十五(36/80)、百分之三十二(25/79)，相差不多。

　　清人張伯行為明代朱衡《道南源委》作序言：

> 至考亭朱子、勉齋黃氏，師弟子之傳授，朋友之講習，奮然興起者，如雲漢之昭回，如江河之莫禦。理學名區，獨盛於閩，不惟比擬伊洛，直與並稱鄒魯。而程子「道南」一語，遂符合如左券。噫嘻！閩濱東海，屹立武夷諸名勝，元氣融液，人與地會，當吾世復有興者。烏知

後之視今，不猶今之視昔也。[35]

《宋元學案》中朱熹的弟子有一半來自福建，而《朱子語類》記錄的弟子有百分之三十二是福建人。梁啟超《近代學風之地理分佈》：「福建，朱晦翁僑寓地也，宋以來稱閩學焉」[36]，而在《閩學源流》[37]中，記載〈道學傳〉與〈儒林傳〉共有人物八十九人，福建則有十七人，占全國之首，閩學的傳播源遠流傳，汪洋澎湃，不局限於一時。高令印與陳其芳著《福建朱子學》[38]，曾創福建朱子學概念，把以朱子為代表的閩學作為核心部分而提出福建大文化的概念。鑑於一般只把閩北當做朱子學的發源地，特別強調還有閩南。閩南是朱子思想形成(廈門、泉州、金門)和成熟(漳州)時期，因此閩南被稱為「閩學開宗」之地。於此，朱子門人景行前哲，以斯道為己任。[39]略舉數人如下：

---

35 《道南源委》卷首。

36 可參見梁啟超：《飲冰室合集》第 4 冊，頁 154。此外，對於「閩學」一詞，清代蔣垣《八閩理學源流》卷 1 有如下說法：「濂、洛、關、閩皆以周、程、張、朱四大儒所居而稱。然朱子徽州人，屬吳郡，乃獨以閩稱何也？蓋朱子生於閩之龍溪，受學於李延平及崇安胡籍溪、劉屏山、劉白水數先生，學以成功，故特稱閩。蓋不忘道統所自。」又，張岱年云：「朱熹的學說稱為閩學，這是因為朱熹的學術活動主要是在福建一帶進行的。」見張岱年：《福建朱子學·序》(福建：福建人民出版社，1986 年)，頁 1。

37 劉樹勛主編：《閩學源流》(福建：福建教育出版社，1993 年)，第五章〈考亭學派〉，頁 407-409。

38 高令印、陳其芳：《福建朱子學》(福建：福建人民出版社，1986 年)。

39 相關資料可參考高令印：《朱熹事迹考》(上海：上海人民出版社，1987 年)，頁 110-112；高令印、蔣步榮：〈福建籍朱熹門人對閩學思想體系的貢獻〉，《閩學概論》(九龍：易通出版社，1990 年)，頁 65-72。

(一)黃榦[40]

南宋黃震：「門人號高弟者，遍於閩、浙和江東，獨勉齋先生強毅自立，足任負荷。同門有誤解，勉齋一一辨明。」[41]《宋史・道學傳》中朱熹本傳，多參以黃榦行狀之文。王德毅〈黃榦的學術與政事〉[42]中指出黃榦的經世觀念強烈，以實心行實政，講求吏治、政績卓著，足見朱學的經世精神。晚年傾心著述，講求學術。卒後贈朝奉郎，諡文肅，於嘉定十四年（1221）病逝。事蹟見《宋史》、《弘治撫州府志》、《嘉靖漢陽府志》、《隆慶臨江府志》、《萬曆福州府志》。

劉清之曾贊黃榦曰：「子乃遠器，時學非所以處子也。」[43]之後受業於朱熹，極受賞識，朱熹曾曰：「直卿志堅思苦，與之處甚有益」、「吾道益孤矣，所望於賢者不輕」、「吾道之托在此，吾無憾矣」[44]，並以次女許配黃榦為妻。重視教育的黃榦「在漢陽，即郡治後鳳棲山為屋，館四方士，立周、程、游、朱四先生祠」[45]。為官廉明的他，在寧宗嘉定八年(1215)、九年(1216)知漢陽軍時，發現當地以漢陽知縣暫時攝代教官之職，甚

---

40 方彥壽〈黃榦講學地點考〉一文中，從書院、官學和民居三個方面對朱子門人黃榦講學地點進行全面細緻的考察，從而證明黃榦為朱子理學的傳播及人才的培養做出不朽貢獻。收錄於《朱子學刊》，2009年。

41 黃震：《黃氏日鈔》，卷40。收於鍾肇鵬編：《讀書記四種》(北京：北京圖書館出版社，1998年)。

42 王德毅：〈黃榦的學術與政事〉，《漢學研究》第9卷第2期，1991年，頁105-121。

43 《宋史・道學傳》。

44 以上三段引文皆出於《宋史・道學傳》。

45 《宋史・道學傳》。

至為增添學生俸錢，謀取士人稱譽，讓學校職事虛請俸錢。[46]學校教育流於形式，「士友之來學者，聞鼓而集，會食而散，絃誦之聲終歲寂寥」[47]。此外，漢陽軍學的釋奠典禮蕩無規矩，「行禮之際。吏卒頻來，笑語略無忌憚。行禮方畢，搶奪蘆席及祭餘果子之屬」[48]，顯現學校教育的廢弛。因此，黃榦大力整頓軍學，並規定學生必須住宿於齋中，定期考查所習課程。同時，駁回增添俸錢的申請，虛領俸錢的職事也遭開除，釋奠典禮時則不准間雜人等出入，使學校教育的運作更加順利。

　　嘉定十年(1217)知安慶府時，「金人破光山，而沿邊多警。安慶去光山不遠，民情震恐。乃請於朝，城安慶以備戰守，不俟報，即日興工。」[49]黃榦呼籲百姓修築堅城以禦金兵入侵，力主抗金。如《孟子‧盡心》所言：「故士窮不失義，達不離道。窮不失義，故士得己焉；達不離道，故民不失望焉。」黃榦不論窮達，皆以道為依歸，超越個人利害得失，關懷社會。後「入盧山訪其友李燔、陳宓，相與盤旋玉淵、三峽間」[50]，並於白鹿洞書院講《易經》。復召入，為大理丞。時邊備廢弛，忌者恐其直言邊事，排擠致使歸里，遂授徒著書。而後，黃榦舉家遷居建陽考亭，聲聞益著的他於建陽城內建草堂，名環峰，以繼志傳道為己任，聚徒講學，身體力行，聲名遠播，諸生雲集，「弟子日盛，巴蜀、江、湖之士皆來，編禮著書，日不暇給，

---

46 相關資料可見《勉齋集》卷35〈行下軍學為申請增奉錢帖〉，頁2、〈行下軍學罷職事二員帖〉，頁2-3。
47 〔宋〕黃榦：《勉齋集》卷35〈帖軍學請孟主簿充學正〉，頁1。
48 〔宋〕黃榦：《勉齋集》卷35〈行下軍學申嚴釋奠事〉，頁3。
49 《宋史‧道學傳》。
50 《宋史‧道學傳》。

夜與之講論經理，亹亹不倦，借鄰寺以處之，朝夕往來，質疑
請益如熹時。」[51]

(二)李方子

李方子，字公晦，號果齋。於淳熙十五年(1188)、十六年
(1189)與紹熙四年(1193)、五年(1194)間[52]向朱子問學。黃榦曾
謂：

> 向來從學之士，今凋零殆盡。閩中則有潘謙之、楊志仁、
> 林正卿、林子武、李守約、李公晦；江西則甘吉父、黃
> 去私、張元德；江東則李敬子、胡伯量、蔡元思；浙中
> 則葉味道、潘子善、黃子洪，大約不過此數人而已。[53]

李方子於嘉定七年(1214)進士及第廷對第三，時距朱子離世已
十四年；任泉州推官時，真德秀(1178-1235)於嘉定十年(1217)
以文殿修撰任泉州知府，對他相當推崇，視如師友。之後，李
方子調為國子監學錄，旋遭史彌遠中傷，被劾罷官。[54]於是在
光澤創雲岩書院，倡道講學，「於朱氏之學確守而不變，所謂

---

51 《宋史・道學傳》。
52 田中謙二：〈朱門弟子師事年攷續〉，《東方學報》第 48 期，1975 年，頁 337。
53 〔宋〕黃榦：《勉齋集》卷 16〈復李貫之兵部書〉(臺北：臺灣商務印書館，1971 年)，頁 7。
54 據《宋元學案》卷 69〈滄州諸儒學案〉所載：「秩滿必先通書廟堂，先生獨不肯。史丞相彌遠聞之，怒，逾年始除國子錄。」

毫分縷析，致知力行蓋終身焉。」[55]，曾錄《語類》戊申(1188)以後所聞 271 條，其問答共有十餘條。

(三)詹體仁

乾道五年（1169），門人詹體仁任饒州浮梁縣尉，政績良好，卻因社會秩序崩壞，萌生退意，而與朱熹請祠問題，朱熹以為：

> 政煩民困，正有官君子盡心竭力之時。若人人內顧其私，各為自逸之計，則分義廢矣。至於盜賊公行，善良蒙害，尉捕之職，何不忍之有？若以為實有可哀矜者，則當明言於上而求所以振業之，使不至於為盜，雖以獲戾，所不辭也。又何避此而求去之亟乎？

而且「若夫祠官無事之祿，本非義理所安，前輩蓋非辭尊辭富，則莫之肯為。」明言自己「居此官最久，前後三請，亦皆有故，非以辭難就逸而為之也。」[56]朱熹反對詹體仁請祠，認為有官職的士大夫面對政煩民困時，更應盡本分而擔當濟世責任。除此之外，亦說明自己屢屢請祠並非辭難就逸或無意仕宦，而是因為與當權者不合，職是之故，主張「辭官無事之祿，本非義理所安」。

浙江則以下述幾人為例：

---

55 虞集：《雲巖書院記》。

56 《朱熹集》，卷46，〈答詹元善〉第一書，頁2228。

(一)諸葛千能

諸葛千能，字誠之，為藏書家諸葛行仁之族人。淳熙八年(1181)中進士，居鄉待缺。淳熙九年(1182)，朱子任提舉兩浙東路常平茶鹽公事，推動救荒，當時，諸葛千能「心存惻怛，惠及鄉閭，出力輸財，有足嘉尚」[57]，以紹興府會稽縣鄉官身分，請求置倉與減和買絹，以紓民困。[58]朱子讚其人「有學行，審細詳練，恐可招而問之，必能博盡異同，得其利病之實」[59]，而後，諸葛千能出任嘉興縣主簿，與知縣黃度[60]及陳希等人共同協助知平江府羅點救災，並受倚用。[61]

問學於朱、陸的諸葛千能，試圖調和兩派見解。朱熹曾言：「浙東學者修潔可喜者多，楊敬仲、孫季和皆已薦之，諸葛誠之兄弟亦時來相處，但心地不虛，我見太重，恐亦為學道之障也」[62]，可見朱熹對其批評。然而，在淳熙十年(1183)，諸葛千能拜訪朱子後，朱子讚譽有加：「比約諸葛誠之在齋中相聚，極有益。這中視人，賢者皆歸席下，比來所得為多，幸甚。」[63]

---

57 《朱子文集・正集》卷99〈勸立社倉榜〉，頁4844。

58 相關資料可見黃寬重：《孫應時的學宦生涯：道學追隨者對南宋中期政局變動的因應》(臺北：臺灣大學出版中心，2018年)，頁150、151。

59 《朱子文集・正集》卷18〈奏均減紹興府和買狀〉，頁613。

60 黃度(1138-1213)，字文叔，號遂初。南宋紹興新昌(浙江)人。隆興元年(1163)進士，歷任嘉興知縣，調國子監主簿。歷官太常少卿、吏部侍郎、同修國史、實錄院同修撰，官至禮部尚書。諡宣獻。著有《詩說》、《書說》、《周禮說》、《史通》、《藝祖憲鑒》等書。

61 相關資料可參考袁燮：《絜齋集》卷12〈端明殿學士通議大夫簽書樞密院事崇仁縣開國伯食邑七百戶食實封一百戶累贈太保羅公行狀〉，頁10-12。

62 《朱子文集・續集》卷4〈答劉晦伯〉。

63 陸九淵：《陸九淵集》卷36，頁494。

(二)孫應時

孫應時(1154-1206)，字季和，號燭湖居士。淳熙二年(1175)進士及第，授黃岩尉，且為朱熹所器重。後任遂安知縣。慶元二年(1196)任常熟知縣，慶元五年(1196)時，朱熹曾應他之請撰〈平江府常州縣學吳公祠記〉[64]，主祭子游。離任時因「倉粟流欠貶秩」，遭貶通判邵武軍，後因病重，未上而卒。曾講學授徒，史彌遠為其學生。

(三)潘友端

彭友端，字端叔，登淳熙甲辰(1184)進士，為太學博士。其父潘時，為官清正，創建月林書院。十七歲時從張栻游，張栻稱其務實近本，嘗勉以細讀《伊川易傳》。[65]宋淳熙甲辰年（1184），潘友端以進士向宋孝宗進策，列論和議不足依恃，所任宰相才德不配位，導致中原恢復無望，陳辭愷切。朱熹在給劉子澄的信中，稱讚潘友端廷對頗為切直，而後，潘友端與朱子講學甚善，書信往來的心得體會集成《朱子問答》一書，且其說所交為孫應時、樓鑰、趙蕃等理學名宿。由於潘友端敢於直言，後被降級任用，授予太學博士，並充任福建提刑司幹辦，不久辭歸。

---

64 《朱子文集》卷80〈平江府常州縣學吳公祠記〉。

65 張栻稱讚潘友端務實近本，謂「吾友免之《論語》不可一日不玩味，伊川《易傳》亦宜細讀，某近年來讀此二書，亦覺有深味耳。」見張栻：《南軒集》，卷27。

江西則以下述幾人為例：

(一)彭龜年

彭龜年(1142-1206)，字子壽，乾道五年(1169)進士。從朱熹、張栻而學，歷仕孝宗、光宗、寧宗三朝，歷官左迪功部、袁州宜春縣尉、從政郎、安福縣丞，改宣教郎主管建昌軍仙都觀，司農寺丞、進秘書郎兼嘉王府直講、吏部侍郎等職。自紹熙元年(1190)初任知中央以來，至慶元元年(1195)活躍政壇，善惡是非，辨析甚嚴。操行鯁直、忠君憂國的他，數論韓侂冑權勢重於宰相，並加指斥，對當時的政治活動有一定影響。雖被列慶元黨籍，卻仍不畏強權。慶元二年(1196)被落職，嘉泰元年(1201)復原官，起贛州以疾辭。除集英殿修撰，並舉武夷山沖佐觀。開禧二年(1206)，其忠寧宋詔贈寶謨閣直學士，加贈龍圖閣學士。彭龜年為官長達三十七年，積極投身政治活動，也因此得以擴大理學的影響。

(二)張 洽

張洽(1160-1237)，字元德，號主一、嘉定元年(1208)進士，以專治《春秋》名噪一時。歷官松滋尉、袁州同理參軍、知永新縣、池州通判，皆有政績。端平初，用薦君都堂審察，不赴，除秘書郎，尋遷著作佐郎。帝數問度正、葉味道曰：「張洽何時可到？」將處以說書，面對宋理宗的多次請召進朝講解經書

一事，張洽辭不就職，遂除直密閣，主管建康崇禧官。[66]而後，張洽專心研究程朱理學。因此，其人對於朱子學的傳承及推廣不在從政方面，而是於野之際。朱子逝後，張洽曾出任白鹿洞書院山長，在白鹿洞書院選取好學之士，「汰其不率教者」[67]，因材施教。

(三)程　洵

　　程洵，字允夫，號克庵、程鼎之子、朱子表弟，孝宗淳熙十一年（1184）始出任衡陽主簿，十四年(1187)又暫代石鼓書院山長，為新安理學大家，以宣揚朱子學為要務，[68]在《朱子全書》中，朱子答允夫的書信約有三十餘封，[69]一時「士友雲集，登其門者，如出晦庵之門」[70]。在衡期間留有題詠石鼓詩若干首，並曾為衡陽花藥山杜黃二公祠[71]作記。後任盧陵錄參，慶元二年(1196)被奏以偽學之流，以偽學去官。[72]著有《克齋集》。

---

66 相關事蹟可見《宋元學案》卷 69〈滄洲諸儒學案〉。

67 《宋史》卷 430〈道學四〉，頁 12787。

68 相關資料可參考王奕然：〈析論朱子和弟子程洵思想的異同—以兩人對蘇學的看法為討論核心〉，《東華中文學報》第 21 期，2012 年 7 月，頁 29-44。

69 相關資料可參考史甄陶〈論《朱程問答》的編纂、影響與考訂作用〉，《臺大中文學報》第 50 期，2015 年 10 月，頁 41-76。

70 《衡州府志》。

71 杜、黃二公指杜甫、黃庭堅。

72 《道命錄》：「與新使君不協，章臺有『吉州知錄程洵，亦是偽學之流』等語。」

二、依官職而言

政治實踐的方式，一是進入朝廷的權力中心，輔佐君主統治天下；二是成為地方官，重建局部的秩序，朱子門人多為後者。由統計表格可知，人數多寡依序為縣丞(10人)、通判(8人)、縣令(7人)、尚書(6人)、侍郎(6人)、教授(5人)、知州(4人)、縣尉(4人)，另有宣教郎、知縣、撫使等官職。縣尉與縣丞同為縣令的佐官，前者掌管訓練兵丁、防奸禁暴、查緝走私等治安事務；後者始設於先秦，自後歷代相沿，主要負責文書倉庫等管理。此外，尚書從一品，侍郎為正二品，知州一職則從五品，主要工作為管理民政，通判為知州的副手，一般由從六品京官中委派，即由朝廷中央直接派遣。宋代中央和地方的學校開始設教授，為講學的博士，以下則舉王遇、葉武子、潘時舉為例說明：

(一)王　遇

王遇為宋乾道八年(1172)進士，為官廉謹公勤。擔任蘄州州學教授時，「蘄學久廢，諸生家坐而官餼之。公嚴為課程，寢食必於學，日為講說語孟經史，一以洙泗伊洛之傳為正。夜漏下二十刻，猶徘徊學舍，督諸生誦習，獎勵戒斥，蘄人化之，衣冠濟濟，若中州然。」[73]

---

[73] 黃榦則為他撰行狀，稱其人「學識之精，義利之明，超然於流俗之中，不以

(二)葉武子

葉武子「嘉定甲戌擢甲科，調郴州教授。一以白鹿洞學規篇諸生準程。刻《四書章句集注》以授之。」[74]其人研究《易》有所得，認為易道的關鍵是「時」，曾曰：「易之道，莫大於時。有在我之時。人之出外，需先論在我者。我之時可動，然後論在外之時。若我之時未然，在外之時縱佳，亦不暇論其存乎我者與！」淳祐初年，葉武子雅致恬退，掛冠日久，「年高德粹，請退可嘉，其以武子秘閣修撰」[75]。

(三)潘時舉

潘時舉，字子善。寧宗嘉定十五年(1222)上舍釋褐，官終無為軍教授。師事朱熹，有聞必記，辨析《六經》疑義及問學大端，多為稱許。

綜觀以上諸位門人為政措施，可知宋代地方官學的學生能支取津貼，又可享有一些法律特權，許多學生並非為求學而來，而是為了取得身分。如此，地方官學教育常常流於形式。朱熹擔任地方官時，致力改革腐化的風氣，使官學成為求學與培養道德的所在。門人也稟承此理想，仕宦所至，隨處整頓地方官學。[76]因此，門人整頓地方官學，使朱熹的教化理念深入地方社

一毫私意累其心。」

74　《宋元學案》卷 69〈滄州諸儒學案上〉，頁 2305。

75　上述引文皆出於《宋元學案》卷 69〈滄州諸儒學案上〉，頁 2305。

76　相關討論可見孟淑慧：《朱熹及其門人的教化理念與實踐》，頁 354。

會，並將此力量轉化成民間風尚習俗。

第四節　朱子門人的歸隱

　　《舊唐書·隱逸傳·序》：「堅回隱士之車」，隱士一詞的歷史實短促無久，不過流行了千年左右而已。曾經出仕而退居，固然有稱隱士和逸士的資格，處士則作未嘗出仕之稱謂。[77]如《孟子》：「諸侯放恣，處士橫議」；《荀子·非十二子》：「古之所謂處士者，德盛者也，能靜者也，知命者也，箸是者也」；《後漢書·劉寬傳·注》：「處士，有道藝而在家者」，范曄在《後漢書·遺民列傳》的序文中曾區分隱士類型，歸納成下列六種：隱居以求其志、曲避以全其道、靜己以鎮其躁、去危以圖其安、垢俗以動其概、疵物以激其清，但范曄未明白指出某隱士屬某類型，現只能參考唐代顏師古的注釋來研究。現代學者蔣星煜則從隱士的政治生活、經濟、社會、精神四方面來觀察。[78]以下列舉朱子門人中選擇歸隱者為例：

(一)劉　砥、劉　礪

　　劉砥(1154-1199)，字履之，號存庵。據傳，「六歲日誦千言，覽忠孝大節，輒激憤感慨。十歲通九經傳記，能綴詞賦」，

---

77 蔣星煜：《中國隱士與中國文化》(上海：上海人民出版社，2009 年)，頁 12、13。

78 蔣星煜：《中國隱士與中國文化》(上海：上海人民出版社，2009 年)，頁 28。

嘗讀釋老書，歎曰：「此不足習」，乃治舉子業，又歎曰：「此不宜專習。」面對道學遭攻擊之際，「遂無仕進意」[79]。朱子晚修《禮書》，砥預編次。

劉礪，字用之，號在軒，劉砥弟，兄弟兩人為長樂(今福建)人。於孝宗乾道二年(1166)俱中童子科，且同受學於避偽學之禁的朱子，朱子嘉其志篤學敏，授以太極圖。其人與蔡元定、黃榦友善。「及禁道學，志尚愈篤。蔡元定編置道州，礪與其兄饋贈甚厚」，並曾做〈挽蔡西山先生〉[80]。事蹟見《宋元學案》卷 69、《閩中理學淵源考》卷 10。

(二)陳 淳

陳淳(1159-1223)，字安卿，漳州龍溪人，「稟姿無華，識性穎悟」[81]，少習舉子業，林宗臣見而奇之，且曰：「此非聖賢事業也。」因授以《近思錄》，淳退而讀之，遂盡棄其業焉。[82]《宋史》對他求教朱子有如下記載：

> 及朱熹來守其鄉，淳請受教，熹曰：「凡閱義理，必窮其原，如為人父何故止於慈，為人子何故止於孝，其他

---

79 《宋元學案》卷 69〈滄洲諸儒學案〉，頁 2318。

80 劉礪〈挽蔡西山先生〉：「念習摳衣日，寧知輩行殊。師才驚宇宙，鄙學困蟲魚。紀曆身皇極，談兵淺律書。傷心瀺水別，有惑更誰祛。」見〔明〕蔡有鵾：《蔡氏九儒書》卷 2《西山集》附錄。

81 《宋史》，頁 900。

82 林宗臣告以應從事聖賢學問，以代舉子業，因此，「安卿卒為儒宗，實夫啟之也。」見〔清〕李清馥：《閩中理學淵源考》卷 14，影印文淵閣四庫全書第 460 冊，頁 9。

可類推也。」淳聞而為學益力，日求其所未至。熹數語
人以「南來，吾道喜得陳淳」，門人有疑問不合者，則
稱淳善問。後十年，淳復往見熹，陳其所得，時熹已寢
疾，語之曰：「如公所學，已見本原，所闕者下學之功
爾。」自是所聞皆要切語，凡三月而熹卒。

陳淳亦曾自言「獲侍門牆，荷警策之十年，幸不至於迷蒙」[83]。
朱熹的門弟有兩種：其一為舉業，其一是為道學。名門子弟多
屬於前者，陳淳等屬於後者，以講學為業。如果朱熹沒來漳州，
陳淳不能入門，閩南朱子學大概沒有那樣的發展。[84]子路曾針對
隱者荷蓧丈人有感而發：「不仕無義，長幼之節，不可廢也；
君臣之義，如之何其廢之？欲潔其身，而亂大倫。君子之仕也，
行其義也。道之不行，已知之矣。」[85]可見君子入仕，乃為行
義。此外，陳淳討論科舉之學與聖賢之學的差異時，指出：

> 同是經也，同是子史也。而為科舉者，讀之徒獵涉皮膚，
> 以為綴緝時文之用，而未嘗及其中之蘊；止求影像髣髴，
> 略略通解，可以達吾之詞則已，而未嘗求為真是真非之
> 識。[86]

---

83 陳淳：〈奠侍講待制朱先生〉，《北溪大全集》卷 49。
84 參見小島毅：〈閩南朱子學之形成〉，收於鄧廣銘、漆俠主編：《國際宋史
　研討會論文選集》(保定：河北大學出版社，1992 年)，頁 207-215。
85 《論語・微子》。
86 《北溪大全集》卷 15〈似學之辨〉，頁 12-13。

陳淳為學務實，「以同於俗為恥」[87]，「居鄉不沽名徇俗，恬然退守，若無聞焉。然名播天下，世雖不用，而憂時論事，感慨動人，郡守以下皆禮重之，時造其廬而請焉」[88]。由於當時閩南士子的風氣以功名為尚，相對的聖學孤寂，根據陳淳〈答楊行之〉文中所述，「世俗甚陋，類竭一生心力，顛迷沉沒於科舉中，沒厭薄理義，以為若將浼焉。更不復有回頭問津者。」[89]另則，陳淳表達願意教導後進，可惜後進僅慕名而來，「雖四方英雋來往相過者亦眾，然大抵只欲識面，或圖結交，或只要知己；求其所謂切實下功，真以義相切磨，而期有實益於己者，絕難得一二見；既不可往教，又不可強聒，逐使區區與人為善之心無從而發，而聖賢精切正大之論，亦無由得到後學之前。」[90]不過，能「發明正學」的陳淳，卻深受朱子肯定，因此，朱子每謂「南來吾道得一安卿為喜」[91]。陳淳選擇不出仕，因他深知入仕非實現致君堯舜的必由之徑，因此，他「謀道不謀食」、「憂道不憂貧」，在鄉里推廣朱子學，卻也因此對傳播朱子學有莫大功勞。陳淳一生未任官，但「身在林泉，心懷魏闕」，以著述立言的方式關心世事。是故，有官職能藉政治力量強化人倫道德，移風易俗。然而，沒有官職的陳淳仍透過自己的方式關懷社會風俗，如數次上公箚給知漳州的趙寺丞與傅寺丞，希望他們明立榜文，嚴禁漳州一帶迎神、朝嶽、淫祀、淫戲等民間習俗，如此方可解人心迷惑，達到移

---

[87] 《宋史》卷 430，頁 898。
[88] 《宋史》卷 430，頁 898。
[89] 《北溪大全集》卷 33。〈答西蜀史杜諸友序文〉。
[90] 《北溪大全集》卷 33〈答西蜀史杜諸友序文〉。
[91] 《閩中理學淵源考》卷 28。

風易俗的效果，其功亦偉。

(三)蔡　沈

　　蔡沈（1167-1230），字仲默，號九峰， 蔡元定季子，面對諸臣舉薦，他謂「此非吾志也」[92]，不求仕進，師事朱熹於白鹿洞書院。慶元二年（1196）慶元黨禁後，隨父謫官道州（今湖南道縣），以授徒講學為業。父歿，隱居九峰山，專習《尚書》，朱子晚年欲撰《書傳》，未及成，故託付仲默，歷數十年，「闡發幽微，不愧父師之說」，且「往往發明先儒之所未及」撰有《書集傳》、《洪範皇極》，將物象符號數化。藍鼎元(1680-1733)謂：「朱子門人以蔡西山父子及黃勉齋、陳北溪為最。」[93]蔡沈對朱子理學的研究實為突出。

第五節　結論

　　雖然朱子多數門人未進入南宋政權核心，學說也無法左右朝政，然而，從朱熹門人仕宦情況切入，檢覈朱熹是否對諸門人的抉擇產生影響，也有助於釐清他們行事與學術思想間的關係。將理論命題與當時社會思想的實踐加以聯繫，而觀思想史

---

[92] 劉熽(1131-1216)曾舉薦蔡沈，蔡沈婉謝，並題〈自詠〉詩：「世事多顛倒，惟仁實可依。幾多何富貴，少不草萊歸，孺子宅猶在，令公園已非，躊躇不能去，端恐寸心違。」
[93] 〔清〕藍鼎元：《棉陽學準》(臺北：新文豐出版社，1996 年)，頁 85。

與社會史互動融合。「如果想認真了解理學的根本取向，在縱的方面必須把它置於全部宋代儒學的歷史動態之中做整體的觀察，而在橫的方面則不但要研究理學家的種種言論而且更應該考察他們的實際行動。」[94] 因此，本章將朱子門人放置特定時空與歷史文化脈絡中加以發掘、詮釋。

　　以往學界認為，宋代的士大夫在經歷了北宋王安石改革失敗之後，便發生了很大的回轉，窮究內聖之學成為了他們的終極本業。然而據余英時的研究，他們行動的回轉不是由外王轉向了內聖，而是轉向了「內聖外王的連續體」，「內聖之學無論多重要，都不可能是理學的終點，它與外王之學緊緊地連在一起，為建立合理的人間秩序而服務，而且也只有在秩序中才能真正完成自己。」[95]內聖非外王的捨離，若要進行內聖的沉潛進修，是否一定需要暫拋外王的踐履？若能強化內聖外王的雙向發展，也能鞏固道學地位，但在實際政治踐履又是如何？程頤「年逾五十，不求仕進」[96]，而呂祖謙〈與朱侍講元晦〉：「今日先務，恐當啟迪主心，使有尊德樂道之誠，眾建正人以為輔助，待上下孚信之後，然後為治之具，以次而舉可也。」[97]又，紹興三十二年(1162)孝宗即位，朱熹上封事稱「聖帝明王之學，必將格物致知以極夫事物之變……則自然意誠心正，而所以應天下之務……天下國家之所以治者不出乎此。」[98]

---

94 余英時：《朱熹的歷史世界》(北京：三聯書局，2011)，頁876-877。
95 余英時：《朱熹的歷史世界》(北京：三聯書局，2011)，頁876-877。
96 脫脫：《宋史》(北京：中華書局，1985年)，卷427，頁12719。
97 呂祖謙：《呂東萊文集》(上海：商務印書館，1937年)，卷3，頁53。
98 朱熹：《晦庵先生朱文公文集》(上海：上海古籍出版社，2002年)，卷11，頁572-573。

　　宋代講究內聖，或許也是因政治武力的相對弱勢，出於消極自保的防禦心理。從書中建構出的世界與外在小人當道、國勢陵夷不同，因此，離開經典文本後，文字與世界格格不入。[99]如何保持內聖沉潛與外王踐履的雙行，成為道學家需要解決的問題。

---

99 關於此點，楊晉龍有如下說法：「傳統儒學家或經學家絕不可能將得自書中的知識，印證到實際天地中。這些傳統儒學家或經學家的一『言』一行，都是一種『瘋狂』的表徵，雖則他們頗沾沾自喜於發揮了經書中所蘊含的聖人之『真理』。」見氏著：《治學方法》(臺北：萬卷樓圖書股份有限公司，2014年)，頁262。

第三章　「地域」與「文化」

——南宋時期南康儒者對朱子學的傳播

第一節　問題緣起

朱學影響中、日、韓思想數百年，朱子門人的推廣是其主因之一。[1]清人張伯行有言：

> 昔孔子之徒三千，而斯道賴以昭著，朱子門人知名之士，
> 如黃、陳、蔡、劉輩，亦不下數十餘人。故其著述最富，
> 問答最多，而理學因之大明。[2]

黃榦、陳淳、蔡元定、劉淪等門人對朱學傳播有其重要貢獻。朱子龐大的思想體系在後繼者的傳承、發揚下，雖難免分化，卻也使朱學更完善充實。如江西、安徽、福建等朱子學派，皆可見朱子對各地區的影響[3]，學者對此進行討論，不但能增加對

---

1 相關資料可參考陳榮捷：《朱子門人》(上海：華東師範大學出版社，2007年)；陳榮捷：《朱學論集》(臺北：臺灣學生書局，1982年)，頁272-273。

2 〔清〕張伯行：〈答冉永光檢討〉，《正誼堂文集續集》卷12。

3 陳榮捷有言：「朱門人數之盛，當然與地理有關。朱子門徒(連私淑)之分配，

各地歷史的了解，且可累積研究成果，使朱子學研究更為豐盈。如鄒永賢主編的《朱子學研究》[4]中即對此有所涉及；又如李才棟的《江西古代書院研究》[5]與《白鹿洞書院史略》[6]，兩書探討江西書院的特點、起源及官學化，並藉此觀照書院的發展現象與朱學的影響；周茶仙、胡榮明的《宋元明江西朱子後學群體研究》[7]則對江西朱子學發展的地域家族性、思想傳統、交融嬗變進行探討，除了考察宋元德興地區外，亦討論陳文蔚與信州朱子學的傳播、介軒學派的形成與特點，以及饒魯、吳澄等人之學；吳長庚所編的《朱熹與江西理學》[8]一書則集中討論江西理學的萌生與發展；史甄陶《家學、經學和朱子學—以元代徽州學者胡一桂、胡炳文和陳櫟為中心》[9]、劉成群《元代徽州理學家群體與新安理學的傳承發展》[10]、周曉光《徽州傳統學術文化地理研究》[11]、汪銀輝〈朱熹理學在徽州的流傳與

計福建一百六十四人，浙江八十人，江西七十九人，湖南安徽各十五人，江蘇四川各七人，湖北五人，廣東四人，河南山西各一人，此為里居可知者，共三百七十八人，可謂來自全國。」見氏著：《朱子門人》(上海：華東師範大學出版社，2007年)。

4 鄒永賢編：《朱子學研究》(廈門：廈門大學出版社，1989年)。

5 李才棟：《江西古代書院研究》(南昌：江西教育出版社，1993年)。

6 李才棟：《白鹿洞書院史略》(北京：教育科學出版社，1989年)。

7 周茶仙、胡榮明：《宋元明江西朱子後學群體研究》(南昌：江西人民出版社，2013年)。

8 吳長庚編：《朱熹與江西理學》(江西：江西高校出版社，2007年)。

9 史甄陶：《家學、經學和朱子學—以元代徽州學者胡一桂、胡炳文和陳櫟為中心》(上海：華東師範大學出版社，2013年)。

10 劉成群：《元代徽州理學家群體與新安理學的傳承發展》(北京：中華書局，2015年。)書中從「地域社會論」、「長時段」、「經學詮釋」、「儒學南北格局對比」四個視角，展開多元視角的系統探討。

11 周曉光：《徽州傳統學術文化地理研究》(安徽：安徽人民出版社，2006年)。書中依據文化地理學的相關理論和方法，從空間及區域角度，探討徽州傳統

影響〉[12]、〈朱熹理學與徽州〉[13]，以及周兆茂〈論朱熹思想在徽州的流傳與影響〉[14]等文則探討朱子與門人在徽州的活動與理學傳播的關係；而在高令印、陳其芳《福建朱子學》[15]中則敘述閩學源流，同時討論朱子在福建的門人對當地文化興盛有促進作用。至於傅小凡《朱子與閩學》[16]除了敘述洛學南渡、朱熹師承與理學外並分別介紹考亭學派中的蔡元定、黃榦、陳淳、蔡沈等人。

綜上所述，可知朱子之學具有擴散性，其人學說突破地域文化範疇，隨著門人數目日益增多，學說分布空間也越來越大。然而，大多數的學者研究所界定的地域多為今日所定義的地理範疇，因此使得研究範圍較大或是不夠精確，但仍有學者注意於此，主張將地域更為清楚地界定，如馮會明〈宋代鄱陽湖地區理學的傳衍與創新—以介軒學派為中心〉，文中指出「江西是理學發衍的心臟地帶，而鄱陽湖則是江西理學傳播、發展最核心的區域」、「匯聚了贛江、饒河等五大河流的鄱陽湖是江西經濟文化最發達的區域，沿湖設立了眾多的州縣。本文環鄱陽湖地區的空間界定，主要指屬南宋江南東路的饒州、南康軍和屬江南西路的隆興府(洪州)、江州這三州一軍的沿湖各縣。」、「宋代環鄱陽湖地區誕生了王阮、黃灝、李燔、程端蒙、董夢

學術文化區的形成與變遷、歷史變遷、區域表徵、空間傳播、文化景觀等問題。

12 汪銀輝：〈朱熹理學在徽州的流傳與影響〉，《江淮論壇》第 1 期，1984 年。

13 汪銀輝：〈朱熹理學與徽州〉，《徽州社會科學》第 4 期，1997 年。

14 周兆茂：〈論朱熹思想在徽州的流傳與影響〉，《朱子學刊》第 6 輯(合肥：黃山書社，1994 年)，頁 93-113。

15 高令印、陳其芳：《福建朱子學》(福州：福建人民出版社，1986 年)。

16 傅小凡：《朱子與閩學》(湖南：嶽麓書院，2010 年)。

程、柴元裕、饒魯等一大批具有影響的理學家群體。」[17]如此界定，更為明確。

本章研究對象為南康地區朱子及門弟子，囊括重要事蹟與著作，作一蒐集與統整工作，並試圖歸納朱子弟子在南康對朱子學各方面的繼承與發展。今檢覈《同治南康府志》、《同治肇建昌志》等地方志，朱門弟子計有以下諸人：李燔、黃灝、曹彥約、曹彥純、胡泳、周謨、余宋傑、李輝、劉賁、呂炎、呂燾、呂煥、彭蠡、彭方、包約、包揚、包遜、馮椅、符敘，分述如下，以觀同一地域中，不同的朱子門人踐行與傳承朱學。

第二節　朱熹知南康軍

朱熹在淳熙六年(1179)知南康軍，到任之初，頒布〈知南康榜文〉，首言：「伏自惟念聖天子所以搜揚幽隱，付畀民社之意，固將使之宣明教化，寬恤民力，非徒責以簿書期會之最而已」[18]，且首揭三項：「一、以役繁稅重，求所以寬恤之方；二、俾士人鄉老教戒子弟，使修孝弟忠信之行；三、俾父老推擇子弟之志學者詣學」[19]，在朱子仕宦生涯中，多次發布榜文勸喻百姓孝順父母，如在〈曉諭兄弟爭財產事〉中，即明確提出

---

17 以上引文出自馮會明：〈宋代鄱陽湖地區理學的傳衍與創新—以介軒學派為中心〉，收於徐公喜主編：《朱子學與地域文化研究》(江西：江西人民出版社，2014年)，頁10、11。

18 〈知南康榜文〉，《朱熹集》卷99，頁5051。

19 《宋名臣言行錄》外集卷12〈朱熹晦庵先生徽國公〉(臺北：臺灣商務印書館景印文淵閣《四庫全書》史部207傳記類)。

盡孝的要求，認為父母在上，人子要奉養父母，不能私蓄財貨；
又如〈曉諭居喪持服遵禮律事〉中，要求依禮守喪，文中提到
「子今以來有居父母之喪者，雖或未能盡遵古制全不出入，亦
須服粗布黲衫、粗布黲巾，繫麻絰，著布鞋，不飲酒，不食肉，
不入房室，如是三年。」此皆宣揚儒家孝道。朱子注重寬恤民
力、敦厚風俗、培育人才。現今，《文集》及《別集》中共有
朱熹救荒時所公布的約束、曉諭等榜文八十四道，詳細規範各
種救荒事宜。[20]不但解決苛捐雜稅，並力圖端正風俗，解決當地
世風日下、道德淪喪的問題。除此之外，朱熹派人訪查白鹿洞
舊址，並撥款重建書院[21]，藉以實現其教化理想、敦勵士習，又
遍搜江西諸郡書籍文字以充實藏書，購置日產以供辦學之用。

　　朱熹重建白鹿洞書院，其意義不只是恢復前代的遺跡，更
重要的是能實現推廣並闡明儒學人倫教化的理想。如〈知南康
榜文〉有云：「一按圖經，白鹿洞學館，雖起南唐，至國初時
猶存舊額，後乃廢壞，未委本處目今有無屋宇。」朱子在〈白
鹿洞牒〉[22]、〈繳納南康軍任滿合奏稟事件狀〉[23]、〈辛丑延和

---

20 見朱熹：〈勸諭救荒〉，《朱熹集》卷 66，頁 5064-5067；〈措置賑卹糶糴
　　事件〉，《朱熹集・別集》卷 9 之後的榜文，以及卷 10 所有榜文皆是。

21 唐代名士李渤曾於此隱居講學，又因養一白鹿，人稱白鹿先生，後遂以白鹿
　　名洞。南唐始在此建立學舍，號為廬山國學，宋初置為書院，與睢陽、石鼓、
　　嶽麓三書院齊名。皇祐五年毀於兵火，南宋才又有發展。不過，此時書院規
　　模不大，僅恢復舊址的十分之二三，生員僅一二十人。呂祖謙的〈白鹿洞書
　　院記〉曾記載朱熹修復書院緣由：「中興五十年，釋老之宮圮於寇戎者，斧
　　斤之聲相聞，各復其初。獨此地委於榛莽，過者太息，庸非吾徒之恥哉！」(朱
　　瑞熙：《白鹿洞書院古志五種》，中華書局，1994 年，頁 885)，其餘相關資
　　料可見《南康府志》卷 4，頁 10-12；袁徵：《宋代教育》(廣州：廣東高教
　　出版社，1991 年)，頁 266；程民生：《宋代地域文化》(開封：河南大學出
　　版社，1997 年)，頁 185。

22 朱子於〈白鹿洞牒〉中指出「因復慨念廬山一帶，老佛之居以百十計，其廢

奏箚〉[24]中提到廬山一帶佛老觀寺以百十計，殄棄彝倫，至於南康軍只有官學三所，三綱五常之教不振，故希冀重建書院推廣禮義，振興孔孟之道。書院得到朝廷的認可，教學活動由朱熹親自主持。在當時官學的體制與學風上，士子多追求科考中舉、高官厚祿，朱子欲改正此弊病，訂立〈白鹿洞書院揭示〉[25]，以人倫道德為主要教育目的，體現儒家理論與實踐相結合的人際關係準則。首先，以「父子有親，君臣有義，夫婦有別，長幼有序，朋友有信」為「五教之目」；其次，以《中庸》所提出的「博學之、審問之、慎思之、明辨之、篤行之」[26]為「為學之序」；再者，以「言忠信，行篤敬，懲忿窒欲，遷善改過」為「修身之要」；另則，以「正其誼不謀其利，明其道不計其功」為「處事之要」；最後，以「己所不欲，勿施於人；行有不得，反求諸己」為「接物之要」。另有其他相關記載可見《宋史》卷429〈朱熹傳〉：「(淳熙)五年(1178)史浩再相，除知南康軍，降旨便道之官，熹再辭不許」，亦可見《朱子年譜》：「五年戊戌，四十九歲，秋八月，差知南康軍，辭」、「冬十月，有旨，不許辭免，復辭請祠」、「十二月，省箚，趣之任」、「六年己亥，五十歲，春正月，復請祠，二十五日啟行，候命於鉛

壞無不興葺。至於儒生舊館只此一處，既是前朝名賢古迹，又蒙太宗皇帝給賜經書，所以教養一方之德意甚美，而一廢累年，不復振起。」《全宋文》卷5456，頁125165。

23　《朱文公文集》卷16，頁757。

24　《全宋文》第243冊，卷5431。

25　收入《中國書院史資料》(上冊)，頁199。

26　《中庸》第二十章：「博學之，審問之，慎思之，明辨之，篤行之。有弗學，學之弗能，弗措也；有弗問，問之弗知，弗措也；有弗思，思之弗得，弗措也；有弗辨，辨之弗明，弗措也；有弗行，行之弗篤，弗措也。」

山」、「二月，復請祠」、「三月，省劄，復趣行，是月晦赴上」[27]。在〈南康軍到任謝表〉載：「臣已於淳熙六年三月三十日到任，交劄職事訖者」，八年(1181)「三月，除提舉江南西路常平茶鹽公事，待次」、「閏三月二十七日，去郡東歸」[28]，可見朱子從六年履任，到八年卸任，在任二年。又，朱子的〈與袁寺丞書〉：「鄙性亢直，不能俯仰，所以忍飢杜門，不敢萌仕進意。今行年五十，乃復變其所守，為此睢盱以求苟免於譴辱，中夜思之，既以自愧。而當其俯仰之時，大悶不聊，深恐不能自抑，而忽發其狂痴，此四當去也。」[29]朱熹知南康軍時，未就任前辭者四，不得已而赴任，兩年中以疾請辭者五。[30]關於這段時期的研究，可資參考的有胡迎建的〈朱熹在南康軍〉[31]與程光裕的〈朱熹知南康軍時之治績〉[32]二文，前者從講求荒政、勸農、整頓吏治、化育人才、學術研究等五方面介紹朱子知南康軍的治績；後者亦將焦點置於朱子治績上，考述朱子知南康軍時詢訪民情、勸喻布政等政績。此外，宋晞的〈朱熹的政治論〉[33]則闡述朱子的政治見解與治績：分別論及朱子任同安主

---

27 〔清〕王懋竑：《朱子年譜》卷 2 上，粵雅堂叢書第十四集《朱子年譜》四卷、《考異》四卷、《附錄》二卷(臺北：華文書局影印)。

28 引文皆出自《朱文公文集》卷 85。

29 《朱子文集》卷 26，頁 340。

30 夏炘(1789-1891)：〈朱子難進易退譜〉，《述朱質疑》(上海：上海古籍出版社，2002 年，《續修四庫全書》第 952 冊)，卷 12。此外，卷 13、14〈記朱子處任政績上下〉則列舉四十多條。

31 胡迎建：〈朱熹在南康軍〉，《朱子學刊》第 1 輯，1995 年，頁 105-114。

32 程光裕：〈朱熹知南康軍時之治績〉，《第二屆宋史學術研究會論文集》(臺北：中國文化史學研究所，1996 年)，頁 533-548。

33 宋晞：〈朱熹的政治論〉，收於《宋史研究集》第十輯(臺北：國立編譯館中華叢書編審委員會，1978 年)，頁 355-369。

簿、知南康、浙東倉、知漳州、知潭州時的成就，並分論朱子
修君德、立綱紀、罷和議等主張。

第三節　都昌學者

　　據《太平寰宇記》所載，南康軍本江州星子鎮，太平興國
三年以地當要津，改鎮為興子縣，至七年改鎮為南康軍，領星
子縣，仍割江州之都昌、洪州之建昌以屬焉。其他背負廬山，
前據彭蠡，素有「南國咽喉，西江鎖鑰」之稱。南康今屬江西。
宋代江西地區共設有九州四軍六十九縣，在北宋元豐年間，江
西地區包括屬江南東路的江州、饒州、信州、南康軍；以及屬
江南西路的隆興府、虔州、吉州、袁州、撫州、筠州、南安軍、
臨江軍、建昌軍。南康壞地褊小，賦額少而供輸倍艱，吏民交
困，且為古荊揚之地，負山面湖，此地社會經濟開發相對較晚，
據《南康府志》所載，南康府東六十里為都昌，都昌學者計有
黃灝等九人，為行文方便，若為父子或兄弟檔，則歸於同一標
目下討論。

一、黃　灝

　　黃灝，字商伯，南康都昌人。「幼敏悟強記，肄業荊山僧
舍三年，入太學，擢進士第。教授隆興府，知德化縣，以興學
校、崇政化為本。歲饉，行振給有方。王藺、劉穎薦於朝，除

登聞鼓院」[34]，且「舊與士友講學，有疑義則持書求正於朱子」[35]。光宗紹熙二年(1191)年八月，黃灝為禮官，「請於《政和五體》內掇取品官、庶人禮，摹印頒之郡縣，從之。」[36]黃灝所撰《政和冠昏喪祭禮》實則《政和五禮撮要》的改編本，黃灝於光宗即位後任太常寺簿，在任內因有鑑於「禮教廢闕」[37]，於是奏請編印《五禮新儀》與品官庶人相關之禮文，以便頒至郡縣行用。[38]此外，「論今之風俗禮教廢闕，士庶之家冠昏喪祭皆不復講。請敕有司於政和新儀內掇取品官庶人冠昏喪祭儀，刊印頒降。仍許采司馬光、高閌[39]等書，參訂行之。」[40]，此乃受朱子影響。[41]重視古禮的黃灝即擔負責任，在禮俗隳壞的環境下，拳拳於禮教，既強調禮的形式，也重視禮的內涵，期能敦厚倫

---

34 〈黃灝傳〉，《宋史》卷 430。

35 〔清〕廖文英等修、熊維典等纂：《江西省南康府志》(臺北：成文出版社有限公司)，據清康熙十五年補刊本影印。

36 《直齋書錄解題》卷 6〈禮注類〉「政和冠昏喪祭禮」，頁 185。

37 《禮記‧經解》中曾對禮教廢闕的後果有詳細描述：「故婚姻之禮廢，則夫婦之道苦，而淫辟之罪多矣；鄉飲酒之禮廢，則長幼之序失，而爭鬥之獄蕃矣；喪祭之禮廢，則臣子之恩薄，而倍死忘生者眾矣；聘覲之禮廢，則君臣之位失，諸侯之行惡，而倍畔侵陵之敗起矣。故禮之教化也微，其止邪也於未形，使人日徙善遠罪而不自知也。」

38 相關資料可見《宋史》卷 430〈道學四‧黃灝傳〉，頁 12791。

39 高閌是四明程學的代表，是洛學發展的重要力量，亦是南宋初期對抗王安石新學的重要人物，且致力於禮學研究。在禮部侍郎任上，曾患近世禮學不明，凶禮尤甚，著有〈厚終禮〉、〈鄉飲酒儀〉，並修訂司馬光的冠禮。

40 杜範：〈黃灝傳〉，《清獻集》卷 19，景印文淵閣四庫全書，頁 2。

41 朱熹於淳熙七年(1180)三月在知南康軍任內，曾向禮部奏請在《政和五體新儀》當中，挑選適合州縣臣民施行的禮制，並鏤版印行天下。相關資料可見《朱子年譜》卷 2，頁 105-106；《晦庵先生朱文公集》卷 20〈申請〉，頁 929-933；《宋會要輯稿》〈崇儒五〉，頁 2247。

常、移風易俗，而以「禮」建構垂範。《宋史》對其為官有如下記載：

> 除太府寺丞，出知常州，提舉本路常平。秀州海鹽民伐桑柘，毀屋廬，莩殣盈野，或食其子，持一臂行乞，而州縣方督促捕欠，灝見之慼然。時有旨倚閣夏稅，遂奏乞並閣秋苗，不俟報行之。言者罪其專，移居筠州，已而寢謫命，止削兩秩，而從其蠲閣之請。[42]

黃灝為朱子門人，「再調隆興府教授，訪禮賢士，訓勉諸生，增創齋舍，學政大舉。當路賢而交薦。知德化縣，首興縣學，葺濂溪周敦頤書堂，凡關於教化者，孜孜行之不倦。」[43]黃灝於淳熙六年(1179)在隆興府學建周敦頤祠，並供奉周敦頤、二程牌位，且寫信給朱熹，請求朱熹述周氏之學要義以啟後學，並記建祠始末，以敦促學子有其範式，而能在讀書外亦可培養自身品德。因周敦頤曾任職南康軍，故朱熹設周敦頤及先賢祠堂興教善俗，並以二程配享，[44]請張栻作祠記、提倡道學[45]。基此，

---

42 〈黃灝傳〉，《宋史》卷 430。

43 杜範：〈黃灝傳〉，《清獻集》卷 19，景印文淵閣四庫全書，頁 1。

44 朱熹復修白鹿洞書院，除了立濂溪祠於學宮、二程配享外，尚別為堂以祀陶潛、屯田外郎劉煥、子祕書丞劉恕、尚書李常、諫議大夫陳了翁。其中，四公為南康人，陳了翁則謫居於此。相關資料可見陳榮捷：《朱熹》第十二章〈朱子之政績〉(臺北：東大圖書股份有限公司，1990 年)，頁 164-167。

45 在朱熹的《文集》卷 86〈奉安濂溪先生祠文〉有言：「惟先生道學淵懿，得傳於天，上繼孔、顏，下啟程氏，使當世學者得見聖賢千載之上，如聞其聲，如睹其容，授受服行擩諸事業，傳諸永久而不失其正，其功烈之盛，蓋自孟氏以來，未始有也。熹欽誦遺編，獲取蒙吝。茲焉試郡，又得嗣守條教於百有二十餘年之後，是用式嚴貌象，作廟學宮，並以明道程公、伊川先生程公，

朱子允黃灝所請，撰〈隆興府學濂溪先生祠記〉。而且，建祠亦是為了嚴整軍學，同時釋奠典禮[46]，除了祭禮本身外，祭器、祭服等亦為禮的一部分，朱熹曾向黃灝借祭器、祭服，想依倣製造，可惜未成，書信如下：「某欲借盛府祭器、祭服，依倣製造。有牒上幀府書懇府公，更望一言之助，使必得之為幸。或恐有大不可攜者，得令人畫圖，詳識其尺度之廣狹高下淺深以見授，亦幸也」；「祭器尤荷垂念，但其月日已迫，未及製造，亦有事力所未及者，且復專人納還，幸付主者。然亦疑其未便盡如古制度也。」[47]。《白虎通・情性》：「禮者，履也，履道成文也。」是故，禮之精神，貴在篤實踐履，躬行古禮的黃灝以禮教人，期能化民成俗。除了建祠外，黃灝對理學問題也多所關心，從朱子與他的書信往來可看出對理氣問題的探討[48]。淳熙七年(1180)，黃灝刻朱子所著《語孟要義》一文於南昌府學，[49]朱子為之作〈書語孟要義序後〉。黃灝刻書之舉使思想

配神從享。」而在〈又牒〉中有言：「濂溪先生虞部周公，心傳道統，為世先覺，熙甯中，曾知本軍，未委軍學曾與不曾建立祠貌。」歷代聖賢之祠宇陵墓俱為崇禮之表徵，熹廣行詢訪，俾有所措置，可見尊敬之忱，且牒中提出「道統」一詞，極度推崇濂溪。

46 釋奠之禮儀，最早見於《周禮》、《禮記》等典籍之記載，屬於五禮之首的吉禮，是古代祭祀先祖、先聖、先師的禮儀，最初僅是入學儀式，現今則主要用於祭祀孔子。詳參黃翠梅、李建緯：《俎豆千古、禮陶樂淑—臺南孔廟釋奠禮與禮樂文物》(臺南：臺南藝術大學，2011 年)，頁 16。

47 〈答黃商伯〉，《朱熹集・別集》卷 6。

48 朱子〈答黃商伯〉有云：「論萬物之一原，則理同而氣異；觀萬物之異體，則氣猶相近，而理絕不同。氣之異者，粹駁之不齊。理之異者，偏全之或異。」「理同而氣異」指萬物以其天命流行只是一般，故理同，意即同出一源，皆由天命太極所生；氣異是言每一個體所稟之氣有清濁駁雜，故有殊異，然而雖有清濁不同，但卻同二五之氣，故氣相近。萬物之氣，即知覺運動，猶有相近處，但理在人與物間的表現則不相同。

49 朱熹〈書語孟要義序後〉：「熹頃年編次此書，鋟版建陽，學者傳之久矣！

傳播不致受到時空侷限，而有積極的推動與影響。朱熹並為《黃氏家譜》作序，贈題匾「親親義理」，後人加柱聯「聖學千年統，家傳三字符」以配，亦曾為黃灝之父黃唐發[50]寫墓誌銘，可見交情。

就宋代社會的現實面考量，由於科舉與利祿間的關係緊密聯繫，因此多數學子最直接的目標便是進入仕途。南康軍學士風不振，當時學子主要心力仍放在科舉上：

> 比年以來，士風衰敝，而學校養士不過三十人，大比應書，人數亦少……良由長民之吏未嘗加意，使里閭後生無所從學，以至於此。今請鄉黨父兄各推擇其子弟之有志於學者，遣來入學，陪廚待補，聽講供課。本軍亦一面多方措置，增置學糧。當職公務之餘，亦當時時詣學，與學官同共講說經旨，多方誘掖，庶幾長材秀民為時而出。[51]

黃灝對此情形有所了解，故朱子曾有書信請問黃灝意見，以做為施政參考：「某衰病支離，求去未得。……學中講說不敢廢，近亦頗有能問者。兩邑亦令整葺教養，庶幾有嚮風者。敝政恐

後細考之，程、張諸先生說，尚或時有所遺脫，既加補塞，又得毗陵周氏說四篇，有半於建陽陳焞明仲，復以附於本章。豫章郡文學南康黃某商伯見而悅之，既以刻于所學，又慮夫讀者疑於詳略之不同也，屬熹書於前序之左，且更定其故號精義者曰要義云。」朱熹撰、陳俊民校編：《朱子文集》第八冊，卷81，頁4022。

50 黃唐發，字堯叟，南宋建炎二年(1128)進士，勤政愛民，廉正通達。

51 〈知南康榜文〉，《朱熹集》卷99，頁5053。

有所聞，切告垂諭，至懇至懇。」[52] 又，朱熹積極尋訪白鹿洞遺址，後在淳熙六年(1179)十月動工，次年三月完工，行釋菜禮並開講，並委託黃灝購買田地，希望書院長久運作。[53] 凡此，皆可見對黃灝的信賴。而在朱子知南康軍時，黃灝勸他不要過度擊彊，但朱子嫉惡如仇[54]，並言：「警誨諄復，敢不銘佩。但區區每見凌弱暴寡之徒，心誠疾之，故其發每有過當。今當承命而改之，然恐終不能盡去也」[55]；「近日曾編管建昌一健訟假儒，傳者必又喧沸。此事自信甚篤，絕無可疑。是非毀譽，付之眾

---

52 〈答黃商伯〉，《朱熹集・別集》卷6，頁5485。

53 陳榮捷：〈朱子與書院〉，《朱子新探索》(臺北：臺灣學生書局，1982年)，頁487-490。

54 朱子承認：「某氣質有病，多在忿懥。」(《朱子語類》，卷104，〈朱子一・自論為學工夫〉，頁2623。)呂祖謙亦曾規勸朱子，但朱子卻道：「擊彊之戒，固知如此，鄙性疾惡，終不能無過當處。」(〈答呂伯恭〉，《朱熹集》卷34，頁1492)，並言及個人性急易怒的缺點：「大抵伯恭天資溫厚，故其論平恕委曲之意多；而熹之質失之旱暴，故所論皆有奮發直前之氣。竊以天理揆之，二者恐非中道，但熹之發，足以自撓而傷物，尤為可惡。」(《朱熹集》，卷33，〈答呂伯恭〉第7書，頁1416。)又說：「熹……平日疾惡之心，施之政事，亦不免有刻急之譏，無復寬裕和平之氣，甚可懼也。」(《朱熹集》，卷34，〈答呂伯恭〉第75書，頁1488。)張栻亦曾加以勸告：「但某尋常或慮兄剛厲之過，今寬裕乃耳，足見矯揉之功也。」(《張栻全集・南軒集》，卷21，〈答朱元晦秘書〉，頁850。)朱熹也曾回信道：「傷急不容耐之病，固亦自知其然，深以為苦而未能革。若得伯恭朝夕相處，當得減損。但地遠不能數件為恨耳。」(《朱熹集》，卷31，〈答張敬夫〉第28書，頁1330。)朱熹曾告訴門人余宋傑：「怒是個難克治底。所謂『怒，逆德也』，雖聖人之怒，亦是不好底物事，蓋是惡氣感得恁底。某尋常怒多，極長。如公性寬怒少，亦是資質好處。」(《朱子語類》，卷30，〈論語十二・雍也篇一〉，頁773。)晚年也曾告訴門人：「人言好善疾惡，而今在閒處，只見疾惡之心愈至。」(《朱子語類》，卷107，〈朱子四・內任〉，頁2672。)可見朱熹雖極力克制，然效果不大。

55 〈答黃商伯〉，《朱熹集・別集》卷6，頁5486。

口。」[56]而且，朱子不認為自己作法不當：「某無狀，居此一年有餘，率意直前，不能違道干譽，得罪於士民多矣。……示喻曲折，深荷愛念。然必欲使某餒唅虎狼，保養蛇蝎，使姦滑肆行，無所畏憚，而得歌頌之聲洋溢遠近，則亦平生素心所不為也。」[57]

之後，歸里隱居的黃灝，對於改廣西轉運判官與移廣東提點刑獄，皆告老不赴。當朱熹知南康軍時，黃灝以都昌學子「執弟子禮，質疑問難」[58]，而在朱熹逝世時，「黨禁方厲，灝單車往赴，徘徊不忍去者久之。」[59]足見重情。謚文懿，著《西坡集》四十卷。

二、曹彥純、曹彥約

曹彥純，字粹甫，《淵源錄》卷 23 謂與弟彥約同學於考亭，且「朱文公守南康，兄弟親炙之，為白鹿洞書院諸生」[60]；曹彥約，號昌谷、謚文簡，淳熙八年(1181)進士，官至兵訓尚書，文華閣學士。[61]其人「嘗從朱熹講學」[62]、「初事朱子於白鹿書院，又十四年復見於湖南善化嶽麓書院」[63]，當金軍大舉入侵時，郡

---

56 〈答黃商伯〉，《朱熹集・別集》卷 6，頁 5486-5487。
57 〈答黃商伯〉，《朱熹集・別集》卷 6，頁 5488。
58 〈黃灝傳〉，《宋史》卷 430。
59 〈李燔傳〉，《宋史》卷 430。
60 《宋元學案・補遺》卷 69。。
61 《同治南康府志》。
62 《宋史》。
63 《宋元學案》卷 62。

其人「嘗從朱熹講學」、「初事朱子於白鹿書院，又十四年復見於湖南善化嶽麓書院。」

三、彭　蠡、彭　方

彭蠡，字師範。《乾隆江西通志》載「文公守南康時門人，質疑義辨析甚經，為文公所重」[64]，號梅坡先生。彭方，字季正，彭蠡子。《同治南康府志》載，朱子守南康時，方隨父同受業焉。

當朱子知南康軍時，彭蠡與兒子彭方慕名從學。當朱子後聘彭蠡為白鹿洞書院經諭，講解《四書》、〈西銘〉等儒家經典，與朱子時相釋難問答，受朱子贊賞，甚至曾致甘懷叔信謂：「吾友彭師範勝士，在隔江都昌，可為一訪。」至於彭方則仕途通達，身居要位，清明訟獄，多有德政。

四、包　約、包　揚、包　遜

兄弟三人均載於《宋元學案・槐堂諸儒學案》、《宋元學案・晦翁學案》。黃宗羲案：「包顯道、詳道、敏道，同學於朱陸，而趨向於陸者分數為多」[65]。又，《伊洛淵源錄》謂「兄

---

64 《乾隆江西通志》卷91。
65 《宋元學案》卷77。

弟皆嘗學於陸子靜，既而又從文公游。」[66]

包約，字詳道。其人與朱子「彼此不同，終未易合。且當置之，各信其所信者」[67]，「兩人意見，終如水火」。[68]

包揚，字顯道，號克堂，包約之弟。《宋元學案》稱「先生在南豐(江西)嘗詆朱子，有讀書講學充塞仁義之語。朱子以告象山，象山亦大駭，答以此公好立虛論。及象山卒，先生率其生徒詣朱子精舍中，執弟子禮」、「先生嘗葺朱子語為四卷，今多載入《語類》中。其間有先生之言，托於朱子。如所載胡子之言一章，以書為溺心志之大講者，後黎靖德編朱子語，始削去之。」[69]

包遜，字敏道。朱子曾責其竊取禪學，並云：「道既不同，不相為謀，不必更紛紛。但以故人相處，問訊往來是矣！」[70]因此，兄弟三人中，實以包揚對朱學的傳承較多。

五、馮椅

馮椅，字奇之。《乾隆江西通志》載受業於朱熹[71]，朱熹《晦庵集‧別集》稱馮椅為其學生[72]。紹熙四年(1194)進士，著有《易詩書語孟太極圖西銘輯說》、《孔門弟子傳》等二百餘卷。子四人，去非、去辨、去弱、去疾，《宋元學案補遺》卷

---

66 《伊洛淵源錄》卷 20，頁 6。
67 《朱子文集》卷 55〈答包詳道第一書〉，頁 20。
68 陳榮捷：《朱子門人》，頁 42。
69 《朱子語類》卷 3。
70 《朱子文集》卷 55〈答包敏道三書〉，頁 20-21。
71 《乾隆江西通志》卷 91。
72 《晦庵集‧別集》卷 6〈施行人戶訴狀乞見〉。

28 立「馮氏家學」條以述之。

　　南康是朱子曾任官之地，亦在此授徒講學，爬梳上述資料可知，黃灝、彭蠡、包揚在思想上與朱子有較多的交流。其中，又以列為《宋史‧道學四》的黃灝與朱子關係實深，而有較多討論空間。

第四節　建昌學者

　　府西南一百二十里為建昌，建昌學者計有以下十人。

一、李燔

　　李燔(1156-1225)，字敬子，少孤，依舅氏。南宋淳熙二年(1175)，朱熹、陸九淵應呂祖謙之邀，會於江西鵝湖，期間辯論有如風雷鼓蕩，吸引眾多學子。受此時代氛圍影響，李燔雖於光宗紹熙元年(1190)，高中進士，並且曾任岳州教授、襄陽府教授。然而，為人不喜仕進，官爵於他如浮雲，九江蔡念成[73]

---

73 蔡念成，字元思，號東潤，建陽人，宋代著名儒學家。幼年好學，為朱熹弟子，復為黃榦弟子。元儒虞集稱其「自朱公講學白鹿洞，環匡廬之麓，士君聞風而起者多矣，其在德安則有蔡元思……而元思事文公最久，辨疑問，必悟徹實踐而後已。」詳見氏著：〈蔡氏義學記〉，《道園學古錄》(臺北：中華書局，1965 年)。

稱其人「心事有如秋月」[74]。紹熙三年(1192)，朱子於建陽築考亭書院，李燔其後辭官隨朱熹講學：

> 熹告以曾子弘毅之語，且曰：「致遠固以毅，而任重貴乎弘也。」燔退，以「弘」名其齋而自儆焉。至岳州，教士以古文六藝，不因時好，且曰：「古之人皆通材，用則文武兼焉。」即武學諸生文振而識高者拔之，闢射圃，令其習射；廑老將之長於藝者，以率偷惰。以祖母卒，解官承重而歸。改襄陽府教授。復往見熹，熹嘉之。[75]

李燔謹遵曾參所闡釋的「士不可以不弘毅，任重而道遠。仁以為己任，不亦重乎？死而後已，不亦遠乎？」(《論語‧泰伯》)，並自我警醒。另則，李燔講學受到時人崇敬，朱熹曾令向其問學之人，先向李燔請教，等有所發，再從朱熹，朱熹甚至有言：「燔交友有益，而進學可畏，且直諒樸實，處事不苟，它日任斯道者必燔也。」[76]可見李燔頗受朱熹看重。其人態度可觀《宋史》如下文字：

> 燔嘗曰：「凡人不必待仕宦有位為職事，方為功業，但隨力到處有以及物，即功業矣。」又嘗曰：「仕宦至卿相，不可失寒素體。夫子無入不自得者，正以磨挫驕奢，

---

74 〔元〕脫脫：《宋史》卷430。
75 〔元〕脫脫：《宋史》卷430。
76 相關資料可見〈李燔傳〉，《宋史》卷430。以及《昌谷集》卷8、《楚紀》卷59。

> 不至居移氣、養移體。」因誦古語曰：「分之所在，一
> 毫躋攀不上，善處者退一步耳。」[77]

李燔主張若能依據能力造福百姓，則不見得等「仕宦有位」，
仍能建功立業。然而，當他擔任地方官時，亦頗有政績，如擔
任江西運司幹辦公事時，不但平撫萬安洞寇[78]，又修繕贛江河
堤，使該地成為沃壤[79]。又如「又念社倉之置，僅貸有田之家，
而力田之農不得沾惠，遂倡議裛穀創社倉，以貸佃人」[80]，此乃
受朱子影響。社倉制度用以存豐補欠，改進糧食發放，嘉惠農
民。正如梁庚堯《南宋的農村經濟》[81]所言：「南宋社倉廣布於
福建、兩浙、江東、湖南、湖北、淮南、廣南各地，可說是幾
乎遍及宋各區，而各社倉的倡導人，如李燔、張洽、趙師復等
都是朱熹的門人。」以朱子為榜樣的李燔「處貧賤患難若平素，
不為動，被服布素，雖貴不易。入仕凡四十二年，而歷官不過
七考。居家講道，學者宗之，與黃榦並稱曰黃、李」[82]。

南宋寧宗慶元二年(1196)，監察御史沈繼祖彈劾朱熹，道

---

77 〈李燔傳〉，《宋史》卷 430。
78 據《宋史》卷 430 所載，李燔認為：「寇非吾民耶？豈必皆惡。然其如是，誠以吾有司貪刻者激之，及將校之邀功者逼城之耳。反是而行之，則皆民矣。」之後，乃「駐兵萬安，會近洞諸巡撫，察隅保之尤無良者易置之，分兵守險，馳辯士諭賊逆順禍福，寇皆帖服。」。
79 據《宋史》卷 430 所載，「洪州地下，異時贛江漲而堤壞，久雨輒潦，燔白於帥、漕修之，自是田皆沃壤」。
80 〈李燔傳〉，《宋史》卷 430。
81 梁庚堯：《南宋的農村經濟》(臺北：聯經出版社，2003 年)，第五章。書中指出南宋時人口增加，造成耕地不足，且土地兼併盛行，助長農村貧富差距日增，但南宋政府及富家則努力維持經濟穩定。
82 〈李燔傳〉，《宋史》卷 430。。

學被視為偽學逆黨，為慶元黨禁[83]。「及黨議之興，士之清修者，深入山林以避禍，而貪榮畏罪者，至易衣巾攜妓女於湖山都市之間以自別。雖文公之門人故交，嘗過其門，懍不敢入」[84]，朱熹學說被禁，門人多遭迫害，當朱熹逝世時，為其送葬遭到禁止，但李燔等門生仍然出面主持葬禮。寧宗嘉定九年(1216)黃榦經過南康探訪同門諸友，曾感慨朱熹去世後，思想受打壓，學說幾近斷絕，惟獨南康李燔等人傳播朱學：

> 向來從學之士，今凋零殆盡。閩中則有潘謙之、楊志仁、林正卿、林子武、李守約、李公晦；江西則甘吉父、黃去私、張元德；江東則李敬子、胡伯量、蔡元思；浙中則葉味道、潘子善、黃子洪，大約不過此數人而已。[85]

嘉定十一年(1218)，李燔與黃榦、陳宓講學「乾」、「坤」二卦。[86]寶慶二年(1226)，李燔在知南康軍曹豳的支持下，擴建白石書院，且於白鹿洞書院使朱熹學說再度興盛，強調循序漸進、格物致知的書院精神。自朱熹逝世後，李燔率領南康學子，朝乾夕惕，闢白石書院、竹梧書院，[87]續傳儒家思想。紹定五年

---

83 慶元黨案相關記載可見《宋史》卷 37。
84 丁傳靖：《宋人軼事彙編》(北京：中華書局，1981 年)，卷 17，頁 943。
85 〔宋〕黃榦：《勉齋集》卷 16〈復李貫之兵部書〉(臺北：臺灣商務印書館，1971 年)，頁 7。
86 見《白鹿洞書院志書》與《同治南康府志》記載。
87 南宋時書院有 442 所，與朱子有關為 67 所，不少均有李燔身影。相關資料見

(1232)，史臣李心傳向宋理宗推薦李燔，稱「燔乃朱熹高弟，經書行義亞黃榦，當今海內一人而已」[88]，可惜理宗並未聽從建議置講筵，無法有裨聖學。他被列為「滄洲大儒第一」[89]，並不因生活優渥與否而改變其生活態度，且受朱熹感召，杜門問學，居家講道。其人教學內容與方法承襲朱熹，以經書、史籍、諸子百家等為課程內容，充份展現出對教育的熱切與朱學的推廣，對南宋以後的儒學影響巨大，有不少傑出的門人，如魏了翁[90]、饒魯[91]、趙葵[92]、宋斌[93]、許仲明[94]等人，桃李芬芳。以此觀之，李燔不論出仕與否，皆能循道、深明大義，守護傳統價值與理想，其人作為如《荀子‧儒效》所言：「儒者法先王，隆禮義，謹乎臣子而致貴其上者。人主用之，則執在本朝而宜；不用，則退編百姓而慤；必為順下矣。雖窮困凍餒，必不以邪道為貪。無置錐之地，而明於執社稷之大義。」

方彥壽：《朱熹書院與門人考》(上海：華東師範大學出版社，2000 年)，頁 1-35。

88　〈李燔傳〉，《宋史》卷 430。

89　《宋元學案》卷 69〈滄洲諸儒學案〉。

90　魏了翁(1178-1237)，號鶴山。《雜識志》：「魏了翁師李燔，得朱子之傳」，南宋開禧二年(1205)在臨安求學於李燔，嘉定三年(1210)創鶴山書院，以「博學、審問、慎思、明辨、篤行」為治學原則。

91　饒魯(1193-1264)，號雙峰先生，游學豫章書院、東湖書院，以致知、力行為根本。曾任白鹿洞書院堂長，開辦「石洞書院」教學，遠近從學者眾。景定元年(1260)薦授迪功郎差饒州州學教授，著有《五經講義》、《語孟紀聞》、《西銘圖》。

92　趙葵(1186-1266)，字南仲，號信庵，一號庸齋，衡山人(今屬湖南)。據《宋史》記載，趙葵與兄趙範父送至李燔處，學習「有用之學」。歷任中大夫、左驍騎將軍、華文殿直學士、丞相兼樞密使等，工詩善畫，有《杜甫詩意圖》，諡忠靖。

93　宋斌，少從學李燔，兵部尚書趙與歡曾拜他為師。

94　許仲明，嘉定年間進士，任湘潭寧鄉尉，清廉為政，體恤民生。

七十歲逝世，朝廷在他逝後的二十二年贈予諡號「文定」。據《史記正義・諡法解》所載，諡號文定之人合乎「經緯天地、道德博厚、勤學好問、慈惠愛民、愍民惠禮、賜民爵位；大慮靜民、純行不爽、安民大慮、為民清正」等特質。其人著作散落，於《朱子語類》、《宋元學案》中未有完整著作，《全宋詩》則存詩一首，〈題竹齋指南詩〉：「元量清標酷似僧，詩情畫意兩相承，於今自有高人處，不尚空窗尚巽升。」

二、胡　泳

胡泳，字伯量，別號桐原。《宋元學案》卷 69 稱洞源先生，對此，馮云濠案曰：「《白鹿洞志》載先生稱桐柏先生。桐柏洞源字形相類，未知孰是」。著有《四書衍說》，曾錄《語類》戊午（1198）所聞約二百條，問答十則，討論靜坐養心與動靜專一，是朱熹晚年門人，不樂仕進。[95]嘉定間任白鹿洞書院堂長，曾與李燔、余宋傑、蔡念成聯講會於廬阜，立有鄉約，歌頌朱子。

三、周　謨

周謨，字舜弼。在黃榦所著〈周舜弼墓誌銘〉謂朱子知南康軍時，周謨「叩衣登門，盡棄其學而學焉。既而文公歸武夷，南康且千里，謨仍往就學。乃文公守臨漳，去武夷又千餘里，

---

[95] 《宋元學案》卷 69〈滄州諸儒學案〉上「隱君胡洞源先生泳」條載。

君又往求卒業，既歸以書請益。文公歿，偽禁方嚴，謨冒隆寒戴星徒步，偕鄉人受業者往會葬。」[96]當時，學徒解散。「李敬子燔，余國秀宋傑，蔡元思念成，胡伯量泳兄弟，師其徒數人，唯先生書是讀。每季一集，迭主之。至期主者之家，往復問難。」[97]周謨錄《語類》已亥（1179）所聞，凡二百餘條，大多關注《四書》教旨；至於七則問答中，全部涉及性理之學：「問渾然」、「問愛」、「問仁為愛之德，心之理」、「問忠恕」、「問太極陰陽」、「問明道《定性書》」、「問邵子天依地，地依氣」。此外，《朱子文集》中有十書，答其所問涵養功夫與仁之德[98]，朱子稱為「得之」，「說得條暢」。

四、余宋傑

余宋傑，字國秀。《朱子文集》中有〈答余國秀〉二書以及〈答李敬子余國秀〉一長書，[99]皆論修身治心之方。另外，《朱子語類》中的問答教條，亦大半如是。

五、李 輝

李輝，字晦叔。《宋元學案補遺‧滄洲諸儒學案》謂其人為李燔之兄。《朱子文集》中有〈答李晦叔〉七書[100]，答其持

---

96 黃榦《勉齋集》卷38。
97 上述兩段引文皆出於黃榦：《勉齋集》卷38，頁19-21。
98 《朱子文集》卷50，頁32-41。
99 分別見於《朱子文集》卷62，頁28-31與頁31-40。
100 《朱子文集》卷62，頁21-28。

敬讀書、程氏祭禮、《論語集注》、《大學或問》、氣質清濁、橫渠葬禮之問。

六、劉　賁

劉賁，字炳文。《朱子實紀》云：「與周舜弼、余伯秀、李晦叔問學於朱子之門。並有時名，不求仕進。」[101]並列為弟子，但未見於《朱子語類》與《朱子文集》。

七、呂　炎、呂　燾、呂　煥

呂炎，字德明。《宋元學案補遺・滄洲諸儒學案》引《人物志》云：「與弟燾、煥同游朱子之門。學成而歸，隱居弗仕」，此外，馮云濠案云：「呂炎雖名不見《文集》，而《語類》只一見，然《人物志》與白鹿洞志之。」

呂燾，字德昭，炎之弟。呂燾與弟呂煥同錄《朱子語類》已未(1199)所聞約三百條，然所載皆用燾之名。朱子〈答馬奇之書〉[102]與〈致馮儀之書〉[103]謂「近與諸人皆已歸。只有建昌二呂在此，蚤晚講論。粗有條理，足為岑寂也。」即指燾、煥二人。

呂煥，字德遠，燾之弟。《朱子語類》：「呂德遠辭云：『將娶，擬某日歸。』及期，其兄（燾）云：『與舍弟商量了。

101　《朱子實紀》卷69，頁29。
102　《朱子文集》。
103　《朱子別集》卷6。

且更成較一月卻歸。』曰：『公將娶了如何？又恁地說？此大事，不可恁地。宅中想都安排了。須再等待不可。』如此呂即日歸。」

八、符　敘

符敘，字舜功，「初問學於象山，象山遺傳子淵書，言其妄肆無知之談，子淵不得不任其責，其答先生書亦多微詞。其後先生師朱子嘗言陸子不喜說性，蓋亦不以槐堂弟子自名矣。」[104]，曾任官，但「至得何官，則尚未考」[105]。《朱子文集》：「〈答符舜功書〉謂敬為聖學始終之要，非先知大體而後敬以守之。」[106]《語類》問答七八處，關於集注、歷史、人欲、詩等目。

---

104 《宋元學案》卷69，頁37。
105 陳榮捷：《朱子門人》，頁135。
106 朱熹：《朱子文集》卷55，頁21。

第五節　結　論

　　古代交通往來不便，一個學派的最初發展往往在一個地域的範圍之內。從《宋元學案》中可知，學術思想與地域的重疊是不可避免的，也展現各學派間地域文化的差別，亦強化有關地域文化的特色。朱熹的一生在江西活動的時間並不太長，比較集中的時間是淳熙六年知南康軍時。南康為朱子曾為官之地，是其授徒講學於江西的主要地方。在南康，禮教所面對的不是形式化的危機，而是亟待重建形式。《宋史・地理志四》曾指出南康風俗不合禮法，除了「喪葬或不中禮」外，倫理觀念亦頗多乖謬，如黃榦批評「父子輕於相棄，夫婦輕於相離，兄弟輕於相訟」[107]，又如〈起俗記〉中指當地「仁義茅塞，視廉讓猶咳唾然，雇孝弟猶贅疣然。父之殖產也，及其身存而豫判之，三子則三之，五子則五之。子擅聚不告於父，弟私積不存於兄。」[108]凡此，皆能看出此地對仁義道德，乃至禮法的諸般輕視。禮能通過規定別異，把尊尊、親親等抽象概念化為外部形式，或隱含在統治及被統治的關係中，如《禮記・曲禮下》：「天子以犧牛，諸侯以服牛，大夫以索牛，士以羊豕。」貴賤親疏關係由不同的物質形式一望可知。[109]朱子門人受到朱熹不

---

107 黃榦：〈新淦勸農文〉，《勉齋集》卷 34。

108 《全宋文》，卷 1661。

109 相關資料可參見徐進：〈禮治的精義及其影響〉，收於陳其泰、郭偉川、周少川主編：《二十世紀中國禮學研究論集》(北京：學苑出版社，1998 年)，頁 572。此外，吳萬居：《宋代三禮學研究》(臺北：國立編譯館，1999 年)，

與傳播貢獻也各有特色。擴而言之，在野有書院教育，在朝則補救禮教，在朱學系譜中彼此對話，也因應當地有待重建秩序的問題，顯現地域特色，而在朱學系譜中彼此對話，相互輝映，也對朱子學在南康的發展有更全面的勾勒。

書中第二章討論宋儒隆禮之內因與外緣，雖未涉及黃灝，但仍有可供參考處。

第四章　「理」與「禮」

── 以《北溪大全集》為討論對象

第一節　問題緣起

　　程頤認為「禮者，理也，文也」[1]、「視聽言動，非理不為，即是禮，禮即是理也」[2]，非禮勿視、聽、言、動，便是非理不為，則可與社會儀禮典章制度符合。朱熹為此解釋：「禮之屬乎天理，以對己之屬乎人欲，非以禮訓理，而謂直可以此易彼也」[3]。清儒阮元曾言「朱子中年講理，晚年講禮」：

> 朱子中年講理，固已精實，晚年講禮，尤耐繁難，誠有見乎理必出於禮也。古今所以治天下者，禮也，五倫皆禮……且如殷尚白，周尚赤，禮也。使居周而有尚白者，若以非禮折之，則人不能爭，以非理折之，則不能無爭矣。故理

1　《河南程氏遺書》卷 11。
2　《河南程氏遺書》卷 15。
3　《論語或問》，卷 12，頁 428。和刻影印近世漢籍叢刊，中文出版社。

> 附乎禮以行，空言理，則可彼可此之邪說起矣。[4]

此處揭示抽象之原則（理）借具體之制度（禮）方能呈現，若僅空言理，則說理無所依憑，邪說必起。方東樹則認為朱子之學並非如阮元所言，於中年、晚年之際，分論理與禮：

> 夫朱子之學，以格物窮理為先，豈至中年而始從事，晚又棄而不言乎！且中年講理，豈盡蹈空，而如所注各經，及集中諸考證文字，具有年歲，豈皆晚年之說乎？年譜具在，可考而知也。即其晚修禮經，豈至是絕不復言義理，而禁學者不得復言格物窮理乎？

方東樹謂朱熹以格物窮理入手，貫串所注經典，並未隨著年歲而有所改變，這一切從其人年譜皆可證明，即使晚年修禮經，仍言及義理。而且，若不在理上多做研析，掌握大本，又如何能隆禮？

位列《宋史‧道學傳》的陳淳，身為朱熹高弟，著有《北溪字義》，將義理思想加以整理分析，並綜合重建出理學重要條目，流傳至韓國、日本，影響深遠。目前學界對陳淳的研究，除通論概說外，大多集中在《北溪字義》。然而，在《北溪大全集》中，有更多資料是陳淳的思想及與當時的時代背景的互動，因此，該書乃是研究陳淳思想觀念的重要著作。再者，陳淳作為朱熹傳人，在其學問、致知、以及著作中，都映射著朱

---

4 阮元：〈書東莞陳氏《學蔀通辯》後〉，《揅經室續集》。

熹的治學方法和思維方式，貫穿著一種鮮明的思辨精神。因此，本章以「《北溪大全集》中的理與禮」為題，試圖討論「理」與「禮」之間的關係，並探討「理」如何通過「禮」而具體化。為較具體說明理與禮概念在《北溪大全集》展開之實態，分為五小節，並採對比研究，茲列如下。

第二節　理概念之開展

皮錫瑞《經學通論》對漢宋學術特色做一概括：「漢儒多言禮，宋儒多言理」[5]，又，李澤厚曾指出「在北宋，中國科技正達到它空前的發展水平，對事物的認識一般都進入對規律的尋求階段。宋人重理，幾乎是一大特色，無論對哲學、政治、詩歌、藝術以及自然事物都如此。」[6]因此，理概念並非全然為抽象思惟，雖其無形跡可憑，亦有具體內容之實理呈現。今檢覈《北溪大全集》，「理」字總共出現 1119 次：其中，「天理」出現 251 次、「理義」出現 98 次、「道理」出現 52 次、「條理」出現 22 次、「實理」及「義理」皆出現 16 次、「事理」出現 12 次、「理氣」出現 9 次、「正理」出現 8 次、「物理」出現 7 次、「整理」出現 6 次、「循理」出現 2 次，其餘為單獨理字。透過查尋理與哪些字合用，檢討諸如理義、天理等關

---

5 皮錫瑞：《經學通論》，卷 3，(北京：中華書局，1954 年)，頁 25。

6 李澤厚：〈宋明理學片段〉，收於《中國古代思想史論》(北京：北京人民出版社，1986 年)，頁 230。

連，說明陳淳理概念的特色。茲擇要說明：

一、天　理

　　自程頤、朱熹深究《中庸》、《易傳》思想以來，「理」概念為宇宙根源，亦為萬事萬物的形上依據，除代表自然規律外，亦能顯現倫理綱常，如朱熹所言：「君臣、父子、兄弟、夫婦、朋友豈不是天理？」、「仁義禮智豈不是天理？」、「父子、兄弟、夫婦，皆是天理自然」、「仁義，天理之自然也」，具有一種無須論證的必然性，此乃對二程「人倫者，天理也」的發揮。是故，《論語》雖為孔子與門人雜記答問之書，卻能從中看出孔子其人言行，正如陳淳所言：「其為說有精粗深淺之不一，非聖人有意為之也。隨觸而應，皆從大本中流出，而莫非天理自然形見之妙。」[7]另則，陳淳在〈孝根原〉中亦對人倫關係有所關注，指出「人豈能無此身，豈能出乎天理之外哉？既不能無此身，不能出乎天理之外，則是決不能一日而相離，既不能一日而相離，則決不可以不竭盡，決不可空負人子之名」，因此，必須行孝，「且如君者以天下奉以天下養，父母之下唯子而已不以子之身，勤勞奔走以事父母，更教誰事哉？設或使人為之豈理之宜乎？」[8]再者，天理是心之本然：「蓋天理者，此心之本然，循之則其心公而且正」，可見天理作為本然之心，是感物之先的純然狀態。另則，「性即天理，未有不善者也」，此與二程天下善惡皆天理說法有別。陳淳承此觀點，

7　《北溪大全集》卷18，頁1。
8　以上兩段引文皆出於《北溪大全集》卷5，頁4。

認為「泛觀事物間，是理真卓卓」[9]，並強調天理的活潑性，諸
如〈和卓廷瑞贈詩之韻四絕〉：「日復陪游泮水湄，發揮史學
到淵微，直從天理人心處，剖破存亡治亂機。」[10]、〈無言上人
求詩依黃簿韻〉：「休說西來幾許年，此身動靜莫非禪，須知
天理流行妙，不待人言髣髴傳。」[11]又如訪古榕茅亭所做詩句：
「天理流行隨寓足，何心故步與追尋」[12]，日往月來、寒往暑來，
不曾間斷之天理，「其在人則本然虛靈，知覺之體，常生生不
已，而日用萬事亦無一非天理流行，而無少息」[13]；如此流行之
天理，萬化根原，皆在其中，陳淳並以道家名詞「本體渾淪」[14]
解釋之，與朱熹不同，可見發明己意。

此外，周流的天理並無表裡動靜與隱顯精粗，「無所不具，
是之謂仁，乃復其初」[15]，然而，又為何有不仁？此乃「私欲間
之」[16]，因雖言天理人欲，但是，「如何而為天理？如何而為人
欲？又有天理之似人欲，人欲之似天理，則將如何而分」[17]，甚
至「錯認人欲作天理而不自覺者矣」[18]，因而內心自有所疑，無
法達聖人之門。在此，涉及到天理與人欲間的問題：程頤有去
人欲、復天理為仁者的說法，其門人尹焞亦承師說，有言：「去
私欲則復天理，復天理者，仁也」。而在《北溪大全集》中，

9　《北溪大全集》，〈博學〉，頁6。
10　《北溪大全集》卷3，頁13。
11　《北溪大全集》卷3，頁14。
12　《北溪大全集》卷4，頁3。
13　《北溪大全集》卷6，頁9。
14　《北溪大全集》卷4，頁10。
15　《北溪大全集》卷4，頁9。
16　《北溪大全集》卷4，頁8。
17　《北溪大全集》卷31，頁12。
18　《北溪大全集》卷15，頁5。

天理與人欲多對比觀之，如〈君子謹其獨箴〉中：「由乎天理，中節為和，蹉諸人欲，則為偏頗」、「扶持天理，發達敷榮，防遏人欲，無使勞生」[19]、「人惟己欲蔽之，是以生道息而天理隔絕，遂頑然不識痛癢」、「渾是天理流行，無一處不匝，無一事不到，無一息不貫，如一元之氣流行無間斷，乃可以當渾然之全體而無媿；若一處稍有病痛，一微細事稍照覺不到，一頃刻稍有間斷，則此處便私意行而生道息，理便不流通，便是頑麻絕愛處，烏得渾全是仁」[20]、「夫仁者，天地生物之心，而人生所得以為心者，純是天理，絕無一毫人欲之私以間之」[21]、「純是天理之公，而絕無一毫人欲之私以間之，乃謂之仁；稍有一毫之私以間之，則天理不流行，而不得為仁矣」[22]，由上可知，陳淳未直言滅人欲而可明天理，僅指出事物易為私欲所隔，人欲之私乃需防遏，經由天理流行，方可使千條萬緒無所不貫，而且，之所以能達到仁者境界，乃是因無人欲之私。

二、理　義

「理義」一詞在《北溪字義》中與「禮智信」放在同一條目討論[23]，至於在《北溪大全集》中出現次數僅次「天理」，粗

---

19 兩段引文皆出於《北溪大全集》卷 4，頁 10。
20 兩段引文皆出於《北溪大全集》卷 5，頁 11。
21 《北溪大全集》卷 9，頁 4。
22 《北溪大全集》卷 18，頁 6。
23 《北溪字義》有「仁義禮智信」此一條目，明言理對義有規範作用：「義是宜之理」，且「事物各得其宜乃義之用，而宜之理則在內」(頁 18)，又，「如今心恙底人，只是祠心為邪氣所乘，內無主宰，所以日用間飲食動作皆失其常度，與平人異，理義都喪了，只空有氣，僅往來於脈息之間未絕耳。」(頁

分其意有二：一為道理要義，如〈答卓廷瑞三〉：「《易解》雖訓詁紬繹詳於《本義》，而理義要歸未能遽脫王韓老莊之見」[24]，又如〈用敖教所贈詩韻送行〉：「道德淵源漫斟酌，理義芻豢飽齧齗」[25]；一為性命之理等價值理念，諸如〈訓蒙雅言〉：「盡心知性，知性知天，理義悅心，秉心塞淵」[26]、「理義須是一日明白一日，一日簡潔一日，一日親切一日，方為有日新之功。」[27]，又如陳淳在〈答陳伯澡十〉中，批評舉業令人機變浮華，「聖賢精微嚴密之旨不知，依舊只是日前穿鑿妝綴之私，非惟不足以得理義之真，而與聖賢相背馳而去之，是亦良自誤也。」[28]，皆強調哲學意涵。

三、事理與義理

事理為政治社會的改制之理，義理則是道德禮教之理。[29]〈仁智堂記〉中，陳淳分述仁、智，並舉「義理」、「事理」：「故有是仁者，必安於義理，而重厚不遷，有似於山而樂乎山；有是智者，必達於事理，而周流無滯，有似於水而樂乎水。」[30]細究其意，由於陳淳認為仁是「此心中天理生生之全體發出來」[31]，

---

11)明言內心無主宰，則喪失理義。
24 《北溪大全集》卷25，頁14。
25 《北溪大全集》卷2，頁8。
26 《北溪大全集》卷16，頁10。
27 《北溪大全集》卷26，頁9。
28 《北溪大全集》卷26，頁12。
29 劉劭《人物志・材理》：「天地氣化，盈虛損盈，道之理也；法治正事，事之理也；禮教宜適，義之理也；人情樞機，情之理也。」
30 《北溪大全集》卷9，頁4。
31 《北溪大全集》卷35，頁2。

又因山乃巍然盤峙於地，古今無移，如堅守吾心之仁，「可以久處約長處樂，而不為得喪榮辱之所搖奪也」[32]，因此能安於義理。另則，「在吾儒真講貫義理，一點俗氣使不得，便昏了義理，不見得是非之真及裡面無窮之趣」[33]，可見義理若明，則可知是非之真與無窮之趣。

　　至於事理之意，陳淳曾言：「事者，人事也；理者，天理也。理不外乎事之中，而卓然于事之表然」[34]，此指人事乃秉天理而行，由於事物之理具多樣性，且有天理抽象規範之意，非僅是指事物上具體之規律及本身應有的規則。若能認識眾理，方能達到形上之理，思緒將如水般周流無滯，而為智者。又當陳淳回答陳伯澡的提問時，解釋「格，至也，窮至事物之理」[35]，且「窮理不要高遠，只以集註為本」[36]，並叮嚀當依序從《大學》、《論語》、《孟子》、《中庸》讀起，「方以《中庸》會其歸，則聖賢蘊蓄事理，本末精粗深淺皆可了然在目」[37]，而且，若能融會通貫，則胸中權衡尺度自能分明，「於是乎井井繩繩，莫不各有條理而不紊矣！」[38]

---

[32] 《北溪大全集》卷9，頁4。
[33] 《北溪大全集》卷26，頁11。
[34] 《北溪大全集》卷26，頁9。
[35] 《北溪大全集》卷26，頁2。
[36] 《北溪大全集》卷26，頁2。
[37] 《北溪大全集》卷26，頁7。
[38] 《北溪大全集》卷26，頁3。

第三節 禮概念之開展

　　禮包括婚冠喪祭等典章儀式，以及倫理準則與價值取向。[39]
中國禮教比較明顯的變化有三個階段：一是先秦儒家首先以禮
教代宗教，其次是漢代禮教的天神化，第三是宋元明清禮教的
天理化。[40]東漢許慎《說文解字》：「禮，履也，所以事神致福
也」，本指祭祀時儀節。隨時代變遷，禮之範圍也逐漸擴大。
宋朝承五代戰亂之弊，士大夫對傳統禮制不甚熟悉，且宋儒好
談心性，因而禮制不振。陳淳在〈家禮跋〉中慨嘆「禮教之廢
於世也久矣」[41]，歐陽脩亦曾言：「禮之失久矣，喪禮尤廢也」
[42]。雖程頤、張載曾「有意乎此，皆未及成書」[43]，惟「司馬公
有成書，而讀者又厭其長篇浩瀚，未及習行而已望風畏縮」[44]是
故，朱熹力圖「上不失先王之大典，而下甚便於斯世之禮俗」[45]，
撰成《家禮》。陳淳「深幸古禮之復見於今也」[46]，並認為《家
禮》「以助成斯世禮俗而推廣聖朝道化之美，尚有以庶幾先生
之志乎哉！」[47]、「脫末俗之陋，而成此邦禮義之風」[48]。今檢

---

39 相關資料參見張壽安：《以禮代理：凌廷堪與清中葉儒學思想之轉變》(石家莊：河北教育出版社，2001 年)，頁 5。

40 蔡尚思：《中國禮教思想史》(香港：中華書局，1991 年)，頁 1。

41 《北溪大全集》卷 14，頁 4。

42 《歐陽文忠公文集》卷 25，〈太常博士周君墓表〉，四部叢刊初編縮本。

43 《北溪大全集》卷 14，頁 4。

44 《北溪大全集》卷 14，頁 4。

45 《北溪大全集》卷 14，頁 6。

46 《北溪大全集》卷 14，頁 6。

47 《北溪大全集》卷 14，頁 4。

48 《北溪大全集》卷 14，頁 6。

覈《北溪大全集》，「禮」字總共出現 431 次：其中，「禮經」總共出現 17 次、「禮樂」總共出現 16 次、「家禮」總共出現 13 次、「禮義」總共出現 11 次、「復禮」總共出現 11 次、「禮儀」總共出現 6 次、「古禮」總共出現 4 次、「禮書」總共出現 3 次、「儀禮」、「聘禮」、「禮文」、「周禮」則各出現 2 次，其餘為單獨禮字。基此，討論陳淳對禮學之基本態度。

一、經書意義的禮

儀節度數等繁瑣之禮，主要見於禮書。在《北溪大全集》中的「禮經」、「家禮」、「禮書」、「儀禮」、「周禮」，皆屬此類。在〈宗說〉中，陳淳言「古人宗法不幸厄於秦火，不見全經，又幸而復出於漢儒雜記之書，學者因得以考識其遺意」[49]，並花極大篇幅介紹《禮經》所言大小宗之別及其變例，且云「其禮又為甚嚴」[50]，類似內容亦見於〈宗會樓記〉一文。雖朱熹曾謂讀禮書注疏「如嚼木札」般索然無味，且云：「禮經難考，今若看得一兩般書猶自得，若看上三四般去，便無討頭處」、「禮以極卑為事，故自飲食居住灑掃欬唾之間，皆有儀節，聞之若可厭，行之若瑣碎」，或許古禮確實因繁縟不宜時用，世儒釋經亦可能因迂闊而多有謬誤，令人深感禮經難考。然而，考諸《北溪大全集》，並未有類似言論。陳淳反而認為「古人禮俗之盛，孝弟達於州閭者，由此其故也，今世禮教廢已久矣！宗法不復存，士夫習禮者，專於舉業用，莫究宗法為

---

49 《北溪大全集》卷 13，頁 5。
50 《北溪大全集》卷 13，頁 3。

何」[51]。宗法制度以嫡庶、長少、親疏等關係決定貴賤、尊卑、高下等地位，透過嚴分等級，使天下國家得以有序，因此，陳淳「撥冗取禮經，考其法之所以然」，主張「宗法不可不敘」[52]。又如詩作〈題江郎廟六絕〉：「禮經岳瀆視公侯，只謂祠儀一例修，不識鬼神情狀者，錯將經意以人求；峙立嶻峨本石形，人其廟貌據何經？祗宜壇壝為民禱，時雨時暘便是靈；禮學無人發世蒙，正神流弊與妖同，既非氣類相求者，豈解精誠妙感通」[53]，該詩明確表達陳淳對禮學之看法，亦反對當時淫祀之盛，直指祭祀者與被祭祀者無法氣類相通，因此，需據禮經、重禮學方是。

二、禮樂教化

《禮記·樂記》：「樂者，天地之和也；禮者，天地之序也。和，故百物皆化，序，故群物皆別」；「王者功成作樂，治定制禮。其功大者其樂備，其治辯者其禮具。」此言王者功業成就時開始作樂，天下底定時則始制禮儀，然而，「及夫敦樂而無憂，禮備而不偏者，其唯大聖乎！」[54]是故，能做到使樂保持敦厚而不致因追逐聲容之盛，唯有聖人。周敦頤曾明言「禮，理也；樂，和也。陰陽理而後和。君君、臣臣、父父、子子、夫夫、婦婦，萬物各得其理然後和，故禮先而樂後」[55]，

---

51 《北溪大全集》卷 9，頁 10。
52 以上二段引文皆出於《北溪大全集》卷 25，頁 9。
53 《北溪大全集》卷 4，頁 3。
54 《禮記·樂記》。
55 《通書》卷 5，〈禮樂第十三〉。

又，君臣、父子、夫婦規範國與家，而得其理，亦看出禮治與大一統的密切關係，此處之「理」，似指事物遵循之規則，並依此建立合於倫常之人文秩序，而無形上意義。

陳淳對祭祀的看法，也與當時社會風尚改變舊有禮俗有關，誠如程頤提出批評：「今禮制未修，奢靡相尚，卿大夫之家莫能中禮，而商販之類或踰王公。」基此，陳淳在〈問管仲器小段〉中直指管仲「奢而犯禮」[56]，並進一步在〈問局量規模〉中言：「局量褊淺，故不能正身修德，好奢而犯禮，規模卑狹，故不能致主於王道，僅相威公霸諸侯而已。」[57]。由於禮可成就道德人格，依陳淳之言，管仲缺乏踐禮精神，故仁德無由而至，道德更無由可觀。另則，陳淳對禮的看重，實與當時漳州亟需振肅禮儀、化導風俗、敦厚人心有關。宋光宗紹熙元年庚戌(1190)，朱熹六十一歲，知漳州，夏四月到郡，當時「風俗淩薄，先王以民未知禮，至有居父母喪而不服衰經者。首下教述古今禮律，以開喻之，又採古喪葬嫁娶之儀，揭以示之，命父老解說，以訓子弟」，當時訓誘諸生情形，如南康時，「其至郡齋請業問難者，接之不倦，又擇士之有行義知廉恥者，使列學職，為諸生倡。」[58]是故，陳淳明言禮樂與風俗的相關：「禮樂達於天下，道德一而風俗同者」[59]，因此，禮崩乃風俗不競之癥結所在。又陳伯澡曾問「古人教人，必先以樂，是何意」，

56　《北溪大全集》卷37，頁11。如此評價不脫《論語》中孔子說法，孔子面對管仲「器小」、「儉乎」二個問題答以「管氏有三歸，官事不攝，焉得儉」、「邦君樹塞門，管氏亦樹塞門；邦君為兩君之好，有反坫，管氏亦有反坫。管氏而知禮，孰不知禮？」

57　《北溪大全集》卷37，頁11。

58　上述兩段引文皆出自《朱子年譜》。

59　《北溪大全集》卷13，頁5。

陳淳面對當時視樂為賤藝，且久廢不興的情形有言：「古人禮樂，不可斯須去身。自幼年已學樂，至成德時必成於樂」[60]，此乃引《禮記・樂記》之言：「君子曰：『禮樂不可斯須去身。』致樂以治心，則易、直、子、諒之心油然生矣。……致禮，以治躬，則莊敬，莊敬則嚴威。」由此可知，陳淳明究禮之作用，以禮為修己治人之方，重視禮在日常生活中的貫徹與實踐，因而認為不可片刻離身，舉措行止皆應依禮蹈義，為成德關鍵。

三、禮　義

《論語・衛靈公》：「君子義以為質，禮以行之，孫以出之，信以成之，君子哉！」君子以「義」為本質，並通過「禮」而實踐於外。又，《孟子・萬章下》有禮門義路之論，謂禮義乃通往道德之門徑。另則，如《管子・心術》言「禮由義出」，由義而禮。陳淳在〈遭族人橫逆〉中舉顏淵、孟軻遭橫逆卻胸懷灑落、自反律己為例，說明小人陷害，「絕無禮義爭豪強，大倫大法毀瓦礫」[61]，窮奢極欲的貴族豪強，是他所不齒的，倫理法度則如瓦礫般遭毀棄；而在〈鄰舍橫逆〉中亦言：「茫茫薄俗沸蚊蛆，禮義全無一點餘，只得杜門對賢聖，專來教子讀詩書」[62]，卻也鼓勵自己，「火經百鍊金始剛，堅吾志節熟吾仁，理義之益端無窮。」[63]據此由禮義聯繫至理義。

---

60 《北溪大全集》卷42，頁13。
61 《北溪大全集》卷2，頁4。
62 《北溪大全集》卷3，頁10。
63 《北溪大全集》卷2，頁4。

第四節　理與禮之關係

　　儒家重視人倫社會之禮，人是一個禮儀性的存在。[64]在《北溪大全集》中，禮字出現頻率遠不及理字，或許可以解讀為心性內在修養的內聖之學是陳淳主要關注的部分，經過以上二節的爬梳，已初步釐清陳淳對「理」及「禮」的看法，然而，陳淳之「理」概念在禮規範上是否有何特殊意義或側重點？是否理寓於禮，據禮以顯？在鄧克銘《宋代理概念之開展》中第三章為〈理概念與禮之關係〉[65]，文中考察宋儒為經學意義之禮學(《儀禮》、《禮記》)持何種態度，其中，《周禮》雖為三禮之一，然其內容為國家職官、制度，與冠婚喪葬等禮俗不同，故不加討論；其次，整理檢討程頤「禮即是理」的相關問題，及清儒之禮學與宋儒之「理」概念的關係。該書雖未涉及陳淳的討論，但對本文若干觀點亦有相當助益。由於理想中的禮，往往是與人之情性配合，非經書中的古禮，因此，注重日常生活禮的規範的陳淳，透過冠婚喪葬等禮儀實踐抽象之理。茲列要點如下：

---

64 據〔美〕赫伯特・芬格萊特的說法，人為「a ceremonial being」。詳見氏著、彭國翔、張華譯：《孔子：即凡而聖》(南京：江蘇人民出版社，2002 年)，頁 12。另則，孔子以「仁」做為「禮」之背後原則；荀子則以「聖王之制作擘畫」為禮之根據。 梁啟超《中國法理學發達史論》認為先秦的儒、道、墨和漢以後的正統思想中有自然法思想，認為「禮」是自然法的副本，「道」或「理」是自然法本身。

65 鄧克銘《宋代理概念之開展》(臺北：文津出版社，1993 年)，頁 99-160。

一、禮即此心所得天理之節文

陳淳在朱子的基礎上，直指禮及此心所得天理之節文：

> 孔顏答問為仁一段，嘗思之有理氣之分。蓋人受天命而生，
> 必得乎其理以為性，曰仁義禮智而皆具於心，必得乎其氣
> 以為體，曰耳目鼻口四肢五臟之屬而皆具於身，仁即此心
> 所得天理之全體而主於愛，常生生不已而包乎四端，猶天
> 道之元而包乎四德也。禮即此心所得天理之節文而主於
> 敬，所以常生生不已。[66]

類似的記載尚見於《北溪字義》：「禮者，心之敬，而天理之
節文也。心中有個敬，油然自生便是禮，見於應接便自然有個
節文」[67]，而且，「天理之節文乃其恰好處，恰好處便是理」[68]，
恰好處指的便是無過不即。若無文采只講究質樸，則失之不及；
若重視繁文縟節，則又流於太過。又如〈問生事以禮段〉：「以
禮事其親，其中節文纖悉委曲多少事，皆不可以不講也」[69]，此
說法雖根源於朱子，卻有所差異。朱子不像程頤單以理訓禮[70]，
而以「天理之節文」解釋「禮」，使禮具有形而上的根據。如

---

66 《北溪大全集》卷7，頁1。
67 《北溪字義》卷上，頁19。
68 《北溪字義》卷上，頁20。
69 《北溪大全集》卷37，頁5。
70 楊時門人張九成祖述程頤「禮即是理」觀點，言：「禮者，何也？天理也」(張
九成：《橫浦文集》卷 19〈克己復禮為仁說〉)，在此，禮之存在有了形上
依據，提供客觀基礎。

在《論語集注》中，有言：「禮者，天理之節文也」[71]、「禮者，天理之節文，人事之儀則也」[72]、「禮，節文也」[73]。「節文」出自《禮記・坊記》：「禮者，因人之情而為之節文，以為民坊者也。」《禮記・檀弓》亦言：「闢踴，哀之至也；有筭，為之節文也。」孔穎達將「節文」解釋為「準節文章」，亦即「調節與文飾」；朱熹則釋為「品節文章」。而在釋《中庸》「親親之大，尊賢之等，禮所生也」時，認為禮是親親尊賢的節文，也是節文仁義的體現。此外，在釋《論語・為政》中的「道之以德，齊之以禮，民免而無恥」時，朱熹認為「禮，謂制度品節也」，亦可見朱熹用制度與節文來釋禮。

陳淳除了以天理之節文釋禮外，亦強調心的作用。陳淳在論述心的命題時，認為心是一身的主宰，不論是四肢運動、手持足履、飲食渴飲、夏葛冬裘都是心為之主宰。除此之外，曾謂：「大抵人得天地之理為性，得天地之氣為體，理與氣合方成個心，有個虛靈知覺，便是一身之所以為主宰處。」[74]，此外，又如〈禮維〉：「禮以維其心，在心無不敬，非此勿言動，非此勿視聽」[75]、〈禮〉：「禮者人之門，節文自中根，所主一以敬，出入無不存」[76]，非禮則勿視聽言動，可見禮是行為的準則。陳淳甚至變化天理為心理，如：「仁者，心理之全體；禮者，

---

71 《論語集注・顏淵》。
72 《論語集注・學而》。
73 《論語集注・學而》。
74 《北溪字義》卷上，頁11。
75 《北溪大全集》卷1，頁7。
76 《北溪大全集》卷1，頁3。

心理之節文」[77]。而且，陳淳直接就一般人進行討論，不像朱子
點出聖人依天理制定禮儀的關鍵地位，[78]而是從人人皆可以成為
聖人的觀點切入，由陳淳直接把天理當作人事之理可看出他突
破聖人的橋樑作用，也有不同於其師的看法。

二、復禮是復天理

陳淳認為「人惟天理私欲二者並行乎」[79]，因此，「天理常
多為私欲屈」[80]，故人常「有違於禮，而害夫仁」[81]，甚至「有
違於禮，而害夫仁人而不仁」[82]，意謂內在的禮會受人欲遮蔽，
而無法彰顯。如此一來，如何精進克復之功，具備克復之理？
另則，「克、復雖若各為一事，其實天理人欲相為消長，克己
者乃所以復禮，而非克己之外別有復禮之功也」[83]，而且，既克
去人欲，則天理無所累，復禮亦為復天理於此。求仁需克己復
禮，即「克去有己之私以復還乎是禮之本」，「然使日用間天
理常為主而氣形每聽命焉」，則「吾心常清明端肅，無一動不
合乎節文之正，而人欲無得以干之，則此身純是天理，而仁之
為體，不離乎是矣。」又細就克己復禮之目，則視聽言動皆應

77　《北溪大全集》卷7，頁8。
78　朱子謂「惟是聖人之心與天合一，故行出這禮，無一不與天合。」朱子謂典
　　禮是天理之當然，且非聖人憑空杜撰，而是取自天理的決定，至於「後之人
　　此心未得似聖人之心，只得將聖人已行底，聖人所傳於後世應依這樣子做，
　　做得合時，便是合天理之自然。」（《朱子語類》卷84，頁2885）
79　《北溪大全集》卷7，頁2。
80　《北溪大全集》卷7，頁2。
81　《北溪大全集》卷7，頁2。
82　《北溪大全集》卷7，頁2。
83　《北溪大全集》卷7，頁55。

中禮。「非禮者，即形氣之私欲，所謂己者，而天理之反也。」[84]不合禮處，便是不仁，若要求仁，則需克己復禮，即「克去有己之私，以復還乎是禮之本」，克除私欲方能復禮，也才能契乎天理。而且，「克去己私以復於禮，純是天理流行，則仁之體極是親切，雖是用在其中不相離，然恐愈眩惑，若到真識後，自無所不通貫」[85]，另則，「然使日用間天理常為主而氣形每聽命焉」，則「吾心常清明端肅，無一動不合乎節文之正，而人欲無得以干之，則此身純是天理，而仁之為體，不離乎是矣。」又細就克己復禮之目，則視聽言動皆應中禮，「非禮者，即形氣之私欲，所謂己者，而天理之反也」[86]。此處值得注意的是，與孔子重在落於實踐的下學不同，陳淳更加求索上達之理。另則，朱子在《論語精義》中曾引用謝上蔡所言：「禮者，攝心之規矩。循理而天，則動作語默無非天也」、「合理便合禮文，循理便是復禮」，但在《北溪大全集》中，「循理」一詞僅出現兩次，且未與復禮合用，若謂循理即為復禮，則指遵循形上之理方能反復禮之本質。如此一來，理與禮的從屬關係將受混淆。

三、依禮而行，原於理義

陳淳在其詩作〈隆興書堂自警三十五首〉中言：「詩蔽思

---

84 《北溪大全集》卷 7，頁 53。
85 《北溪大全集》卷 36，頁 13。
86 《北溪大全集》卷 7，頁 2。

無邪，禮主毋不敬」[87]，「敬」是禮學實踐的核心要素，且就《大
學》、《中庸》提醒吾人絜矩之道與三省工夫，並以周敦頤〈太
極圖說〉與張載〈訂頑〉為例，認為此乃「吾門禮義宗，毋離
几幾席」，而且，「血氣有盛衰，理義無損益，理義要常勝，
毋為血氣役」[88]，由此縮合具體之禮與抽象理義。又，陳淳云：
「由理義而發者，以理義為主，而謂之道心」，此外，視聽言
動均要依禮而行，程頤曾依孔子所言非禮勿視聽言動而做〈視
箴〉、〈聽箴〉、〈言箴〉、〈動箴〉，並解釋為「四者，身
之用也。由乎中而應乎外，制於外，所以養其中也」[89]。陳淳則
做有〈視箴解〉、〈聽箴解〉、〈言箴解〉、〈動箴解〉，依
孔子原意，人身之起心動念均受禮之規範，而有道德實踐之意，
陳淳援「理」釋之，如〈視箴解〉「心兮本虛」：「心之為體，
其中洞然，本無一物，只純是理而已。然理亦未嘗有形狀也」[90]、
〈視箴解〉「其中則遷」：「中指心之體而言，即天理之謂也。
物欲之蔽接於前，則心體逐之而去矣」、〈視箴解〉「制之於
外以安其內」：「物欲克去於外，則無以侵撓吾內，而天理寧
定矣」、〈視箴解〉「久而誠矣」：「誠者，真實無妄之理也；
克復工夫，真積力久，則私欲淨盡徹表裡一於誠，純是天理之
流行，而無非仁矣」[91]、〈聽箴解〉「遂亡其正」：「正以理言，
至是則天理俱滅，而無復存矣」、〈聽箴解〉「卓彼先覺」：

---

87 《禮記・曲禮》：「毋不敬」，鄭玄解釋「禮主於敬」；《論語・為政》：
   「子曰：詩三百，一言以蔽之，曰思無邪。」
88 以上引文皆出於《北溪大全集》卷1，頁2。
89 程顥、程頤：《河南程氏文集》卷8，《二程集》，頁588。
90 《北溪大全集》卷20，頁1。
91 以上引文皆出於《北溪大全集》卷20，頁2。

「悟此理之全而體之者」、〈聽箴解〉「知止有定」：「事事物物各有所當止之處，即理之當然者是也。能一一知其然，則此心明徹於日用應接，皆有定理，不為之誘而化矣」、〈聽箴解〉「閑邪存誠」：「邪者，物欲之私；誠者，天理之實。閑外邪不使之入，則所存於心者，徹表裡一於誠，純是天理之流行而仁矣」[92]、〈言箴解〉「內斯靜專」：「靜安專一皆天理之所存也，外不躁則內靜，外不妄則內專，此二句為一篇之關要處」、「〈言箴解〉「出悖來違」：「傷煩而支則不合正理，所出者悖而來，亦違矣！內何專之云」[93]、〈動箴解〉「誠之於思」：「於一念微動而未形之間便已知覺，而實之無妄，則天理之本然者，流行無壅矣」[94]、〈動箴解〉「習與性成」：「習慣如自然，則莫非天理之流行而仁熟矣」[95]，且「所發皆原於理義之正，而道心之謂也。」[96]

四、仁者之心，純是天理，與禮樂相關甚密

針對《論語‧八佾》中「人而不仁，如禮何？人而不仁，如樂何」，陳淳在〈問不仁如禮何段〉有如下說解：「仁不止言心，須兼以理看，蓋仁者之心，純是天理。其從事於禮樂，莫非天理之所流行著見」[97]，仁需兼心、理言之，陳淳試圖論證

92　以上引文皆出於《北溪大全集》卷20，頁3。
93　《北溪大全集》卷20，頁5。
94　《北溪大全集》卷20，頁6。
95　《北溪大全集》卷20，頁7。
96　《北溪大全集》卷15，頁10。
97　《北溪大全集》卷37，頁8。

「仁即理」的命題。而且，人間秩序的禮樂制度確乎是天理的
呈現。因此，天理為禮制提供了起源的依據，如此，也表明合
天人的取向。又，仁兼該心理，且「不仁之人則本心亡，而天
理滅。」[98]，另則，對於游酢「人而不仁，則人心亡矣！其如禮
樂何哉？言雖欲用之而禮樂不為之用也」之說與程子「仁者，
天下之正理，失正理則無序而不和」之言則認為：「仁者，此
心天理之全體也。程子正理之說雖寬而實切，卻見得仁與禮樂
相關甚密處，然須更兼游氏人心之說乃圓，所以集註並言之也」
[99]。人既不仁，則有私意，與禮樂不相管攝。因不相干，故無法
為之用，仁乃本心之全德，失其正理自然無序不和。《集注》
中將游酢之說置於程子之前，乃順正文解釋，且程子之說為補
足未盡之言，[100]意謂須將正理放在人心上說，文意方得完整。

第五節　結　論

朱子看出禮不僅對個體有內在的約束作用，對群體也有外

98　《北溪大全集》卷37，頁9。

99　《北溪大全集》卷37，頁9。

100　據宋儒趙順孫所言《四書纂疏》：「集注與正文之下，正解說字訓文義，與
聖經正意，如諸家之說有切當明白者，即引用而不沒其姓名，如學而首學
先尹氏而後程子，亦只是順正文解下來，非有高下去取也。」見氏著：《四
書纂疏‧論語纂疏上》(臺北：文史哲出版社，1986年)，頁592。又，朱在
過庭所聞《語錄》曰：「集注內載前輩之說於下句者是解此句文義，在前輩
之說於章後者是說一章之大旨及反覆此章之餘意。」且陳淳有言：「集注發
明程子之說，或足其所未盡，或補其所未圓，或白其所未瑩，或貫其所未
一，其實不離乎成程說之中，必如是而後謂有功於程子，未可以優劣較
之。」見氏著：《北溪大全集》卷39。

在的規範作用。[101]「禮」與「理」是一以貫之的儒學要津，陳淳承繼朱熹之說，將「禮」做為「理」之載體[102]，貫徹到實際生活中，雖棄舉子業而多村里坐，但仍能由瑣碎繁細的儀節中，抽繹抽象之理。透過闡釋《北溪大全集》中的「禮」與「理」，可以發現朱子對陳淳的影響，也可看出朱子學的拓展。「禮」與「理」的充份搭配，顯示在建立社會秩序上，若單靠具體的禮儀約束將失去道德實踐之主體性；若是僅依形上之義理之學也難以全然落實。要之，重踐履且性平實的陳淳，吸納朱子之學，更顯踏實。

101　相關討論可見陳國代：〈《儀禮經傳通解》與儒家社會秩序的構建─基於社會學思考的朱子文獻建設〉，收於徐公喜主編：《禮學視域下的朱子學研究》(南昌：江西人民出版社，2016年)，頁137。

102　相關資料可參考蔡尚思：「第四節張載、程頤、朱熹等使禮教理學化」，《中國禮教思想史》(香港：中華書局，1991年)，頁108-115。

第五章　「薈萃」與「甄別」
──《孟子集義精要》探析

第一節　問題緣起

　　朱熹注解《四書》，首先編成《精義》、《要義》，[1]僅《四書集注》所採說解即有二十家左右。甚至自言：「某《語孟集注》添一字不得，減一字不得。」[2]闡釋其人理學觀念，撰成《四書章句集注》[3]，並強調其中具有次序，云：「某要人先讀《大學》，以定其規模；次讀《論語》，以立其根本；次讀《孟子》，以觀其發越；次讀《中庸》，以求古人之微妙處」。然而，朱子生前並未將《朱子語類》、《朱子文集》與《集注》中的觀點定歸於一，故朱熹逝後，盧孝孫取《語類》、《文集》之說，

1　朱熹自三十餘歲收集資料編寫《要義》、《精義》，至四十八歲始完成《集注》初稿，至六十七歲曾言：「南康《語》、《孟》，是後來所定本，然比讀之，尚有合改定處，未及下手。」(見《朱文公集》卷 63〈答孫敬甫〉)，至六十八歲則言：「某所解《語》、《孟》和訓詁注在下面，要人精粗本末，字字為咀嚼過。此書，某自三十歲便下功夫，到今改猶未了，不是草草看著。」〔宋〕黎靖德：《朱子語類》(北京：中華書局，1986 年)，卷 116，頁 2799。

2　《朱子語類》卷 19，頁 437。

3　相關資料可見陳逢源：《朱熹與《四書章句集注》》(臺北：里仁出版社，2006 年)；陳逢源：《「融鑄」與「進程」：朱熹《四書章句集注》之歷史思維》(臺北：元照出版公司，2013 年)。

逐章逐句，討論發明，輯為一百卷《四書集義》，但內容既雜，元儒劉因病其繁冗，乃刪芟浮辭，標舉要領，約其精要，輯成《四書集義精要》一書。元儒袁桷有言：

> 皇元平江南，其書捆載以來，保定劉先生因，篤志獨行，取文公書，薈萃而甄別之。其文精而深，其識專以正。蓋隆平之興，使夫道德同而風俗一，承熄續絕，不在於目接耳受而有嗣也。[4]

至元十三年(1276)元軍攻取臨安後又入福建、廣西，當時朱子著作大規模傳入北方，與許衡當時只見伊川《易傳》、朱熹《論孟集注》、《中庸大學章句》、《四書或問》、《小學》等書，直至江左混一才見朱熹《文集》情況也有所不同，[5]所處的社會形勢產生變化外，劉因個人學術及見解也有其特色。查洪德曾從北方傳統經學學術的角度觀之：

> 劉因站在北方學術背景下來評價漢唐之傳注疏釋和宋儒之議論兩者的價值高下，認為前者對聖學的貢獻是十之六七，而後者只有十之三四。當然，劉因並沒有否定義理之學，他是強調議論之學「自傳注疏釋出」，這就確定了兩者的關係。我們清楚，劉因的這一說法並不十分符合學術發展史的實際。他想借此說明的不外兩點：第一，與宋儒貶斥傳統儒學

---

4 〔元〕袁桷：〈真定安敬仲墓表〉，《清容居士集》卷30(臺北：商務印書館，1975年)，頁453。

5 〔元〕許衡：《魯齋遺書》卷13〈考歲略〉。

不同，他重視傳統儒學；第二，與宋儒否定漢唐儒學史不同，他認為宋代儒學不過是漢唐儒學史的發展而已。這也是北方學術傳統在劉因身上的表現。[6]

姚樞、竇默、許衡、劉因等學者積極在北地傳播四書學，更留下了一定數量的四書學專述。[7]然而，師承特色並不明顯，所能考察的僅「江漢所傳」一系，這與南方四書學代代相傳的情形大不相同。[8]另則，北方四書學中心的「北方」是一個寬泛的概念，地域範圍十分廣大，包含現在的北京、河北、河南、陝西、山西諸省，四書學者的分布十分零散，沒有形成南方四書學中心那種學者活動區域相對集中的學術中心——比如浙江的金華和安徽的休寧。上述兩種情形的形成，大概與北方四書學的基礎薄弱有關。加以當時四書學的傳播是一種「四方會同，程

---

6 查洪德：《理學背景下的元代文論與詩文》(北京：中華書局，2005 年)，頁212。
7 周春健：《元代四書學研究》(上海：華東師範大學出版社，2008 年)，頁132。
8 南方四書學的師承特色非常鮮明，並形成了諸多以某一重要學者為核心的四書學學派，且往往傳承幾代，縱貫元朝，遞至明初。而且，諸多學者活動頻繁、著述繁盛。從學術傾向上看，可以區分為兩類：一為宗朱，一為南宋其他理學家在元代傳人一系的四書學。至於元代南方四書學的浙江一線和江西一線，乃直接輻輳於朱熹高弟黃榦所傳之朱子學。若細加考察則可以發現，其實在宗朱學派內部，除黃榦一系外，朱子其他及門弟子一系與朱子續傳或私淑一系的四書學也十分活躍，他們共同創造了元代四書學宗朱學派的繁榮局面。朱熹其他及門弟子中，浙江崇德的輔廣、浙江溫州的葉味道、福建建陽的蔡沈、福建北溪的陳淳以及江西婺源的滕璘、滕珙兄弟，在元代皆有四書學傳人。其中，北山學派的金履祥、許謙、草廬學派的吳澄，新安學派的陳棟、胡炳文等，他們的四書學著作及思想代表了元代宗朱學派四書學的主要成就，同時也是整個南方四書學的主要成果。相關資料見於周春健：《元代四書學研究》，(上海：華東師範大學出版社，2008 年)，頁 200-204。

朱遺言流布遠邇」[9]的狀況，乃是由南方在北地一下子「全面撒網」，故而難以驟然形成更多傳承的學派和區域上的中心。至於北方四書學者中，能夠形成「學派」的惟趙復一脈，而趙復得「程朱續傳」，屬南方理學正統一系。但也有一些學者師承傳統的北方之學，呈現出濃郁的地方特色，這與南方也大不相同。[10]

皮錫瑞《經學歷史》中提及，「宋學至朱子而集大成，於是朱學行數百年」，此指出元明時期經學取向乃在朱學籠罩下。朱子學能夠發展興盛，並確立其在後世的地位，與朱子後學注重朱子著作的整理與傳播密不可分。從劉因《四書集義精要》中，看出對朱學的傳衍之功，並在一定程度上對朱熹《四書章句集注》為科考定本有推動作用。[11]元代理學承上啟下的作用，顯而易見。另則，據國立故宮博物院印行影印元本《四書集義精要》序文有言：

> 《四書集義精要》者，元儒靜修劉因所纂。靜修學宗周程，潛心性理，涵詠頗深。病前人所輯集義之繁冗，乃刪芟浮辭，擇其旨要，而成此書，使朱子之說不惑於多歧。[12]

劉因推尊朱子，曾言：「邵，至大也；周，至精也；程，至正

9　〔元〕蘇天爵：〈內丘林先生（起宗）墓碣銘〉，《滋溪文稿》(北京：中華書局，2007年)，卷14。
10　周春健：《元代四書學研究》，頁133。
11　元仁宗皇慶二年(1313)制定科舉條格，詔定漢人、南人第一場明經經疑二問，自四書內出題，以朱注為科場程式。經義一道，不拘格律。
12　〔元〕劉因：《四書集義精要》(臺北：國立故宮博物院，1978年)，序言。後續引文僅於文末標注卷數、頁數資料，不另註。

也；朱子，極其大，盡其精，而貫之以正也」[13]，亦如黃百家所言「得聞程朱之學以廣其傳」[14]。《四書集義精要》雖是刪節盧孝孫《四書集義》而成，但從一百卷至三十六卷，可見劉因進行大幅度的改變，乃是有意識的選取，補充朱子概念，而可觀朱子的論辨分析，更顯井然羅列。既有保存之功，又有刪略識見，有助於了解朱熹《四書章句集注》真義，以及元儒於朱注的反省與發展。然而，得以取文公書的劉因，是如何薈萃甄別，發展與許衡「敬信如神明」[15]不同的朱學體現？這是本章所要探討的問題。

　　基此，筆者爬梳經學史相關著作後，發現多數經學書籍並未涉及對劉因的討論，[16]討論劉因的經學著作諸如皮錫瑞《經學歷史》[17]、馬宗霍《中國經學史》[18]、葉國良《經學通論》[19]、

13　《元史》卷 171。

14　〔清〕黃宗羲：《宋元學案》(北京：中華書局，1986 年)，卷 90〈魯齋學案〉，頁 2995。

15　許衡有言：「小學、四書，吾敬信如神明。」語見於〔元〕許衡：《魯齋遺書》卷 9〈與子師可〉。

16　依出版年代先後，稍舉數例以明之：諸如蔣伯潛：《經與經學》(臺北：世界書局，1956 年)、范文瀾《群經概論》(上海：上海書店，1990 年)、林慶彰《中國經學史論文選集》(臺北：文史哲出版社，1992 年)、楊成孚：《經學概論》(天津：南開大學出版社，1994 年)、湯志鈞《經學論集》(臺北：大安書局，1995 年)、劉師培：《經學教科書》，收於《劉申叔遺書》(南京：江蘇古籍出版社，1997 年)、朱維錚《中國經學史十講》(上海：復旦大學出版社，2002 年)、徐復觀《徐復觀論經學史二種》(上海：上海書店，2005 年)、龔鵬程《六經皆文：經學史/文學史》(臺北：學生書局，2008 年)、錢基博：《經學通志》(上海：上海古籍出版社，2011 年)、甘鵬雲《經學源流考》(新北：廣文書局，2012 年)等書均未介紹劉因，部分甚至連元代經學情況也未介紹。

17　皮錫瑞：《經學歷史》(臺北：藝文印書館，1987 年)，頁 308。「元兵下江、漢，得趙復，朱子之書始傳於北。姚樞、許衡、竇默、劉因輩翕然從之。」

18　馬宗霍：《中國經學史》(上海：上海書店，1984 年，據商務印書館 1937 年版複印)，頁 127。「由是許衡、郝經、劉因皆得其書而尊信之。」

吳雁南、秦學頎、李禹階《中國經學史》[20]、章權才《宋明經學史》[21]等書。安井小太郎《經學史》則指出「有元一代凡八、九十年。其學術有朱子學與非朱子學。朱子學可以說是當時的經學。元興起於蒙古地方而統一中國，其文學與學術遠不及於南宋，朱子學之被理解，也是極為後來的事。」[22]，另則，「劉因曾應元的徵辟，不久即請辭而以處士終其一生。其行誼見載於《靖獻遺言》。又有關許衡與劉因的出處進退，於《宋元學案》卷九十一記載有之。」[23]安井小太郎雖未設專章，仍有若干文字介紹劉因，記錄劉因著述時，列文集《靜修集》收於《四部叢刊》，於《四書集義精要》後則標注「未見」[24]。

　　至於思想史書籍方面，王邦雄等《中國哲學史》[25]第六篇

---

19 「朱子之學一枝獨秀的情況也很明顯，如趙惪有《四書籤義纂要》、劉因有《四書集義精要》、陳櫟有《四書發明》、胡炳文有《四書通》、倪士毅有《四書輯釋》。」見葉國良：《經學通論》(臺北：大安出版社，2005 年)，頁 576-577。

20 吳雁南、秦學頎、李禹階：《中國經學史》(福州：福建人民出版社，2001年 9 月)，頁 425-426。「劉因是元朝與許衡齊名的『北方兩大儒』之一。如果說許衡的貢獻主要在表彰朱子，『興絕學於北方』，使程朱理學立為官學的話，那麼劉因則主張把漢唐的傳注疏釋之學與宋人的議論之學結合起來。故四庫館臣評論劉因之學為『研究經學，沉潛於周、程、張、朱之書，而通其奧奧』。」

21 章權才：《宋明經學史》(廣州：廣東人民出版社，1999 年)，頁 252-258。其中有一節為「劉因的以經傳注疏之學為主，議論之學為次的治學路徑與頗具特色的經學史關係論。」

22 〔日〕安井小太郎：《經學史》(臺北：萬卷樓圖書股份有限公司，1996 年)，頁 174。

23 〔日〕安井小太郎：《經學史》，前揭，頁 175。

24 〔日〕安井小太郎：《經學史》，前揭，頁 175，未見原因或許是因為《四書集義精要》流通不廣，致使研究成果較少。或是安井小太郎未能深入朱子後學，亦可能明代官學四書大全取代作用。

25 王邦雄、岑溢成、楊祖漢、高柏園：《中國哲學史》(下)(臺北：里仁出版社，

為宋明儒學，雖有專章〈宋明儒學總論〉，但對元代及當時的思想家記載則闕之弗如；勞思光《中國哲學史》(三)、馮友蘭《中國哲學史》均未涉及元代思想。錢穆《中國思想史》雖有一節為宋元明時期，但之後內容未收錄元代思想家[26]，然而錢穆尚有《宋明理學概述》一書，其書於劉因等元儒，則有論述。[27]張立文《中國學術通史》(宋元明卷)[28]僅列許衡、吳澄，未涉及劉因。侯外廬等人編《宋明理學史》有專章討論劉因，指出劉因身處宋元鼎革之際，深感理學不足，故要求返求六經，然不否定理學。[29]此外，點出劉因「議論之學自傳注疏釋出」之說並不符合學術發展實際，也無法推導出問學當先《六經》而後《四書》的結論[30]。又，徐遠和《理學與元代社會》第三章為〈靜修學派〉，分列二節：第一節為「元代北方理學重鎮」，第二節為「靜修學派門人」，文中指劉因「讀書講次第、治學采眾長」。[31]至於蒙培元《理學的演變—從朱熹到王夫之戴震》指出劉因「作為朱熹後學，他基本上還沒有擺脫朱熹哲學體系。」[32]。學者多

2005 年)。

26 書中在「宋元明時期」中僅列周濂溪、邵康節、張橫渠、程明道、程伊川、朱晦庵、陸象山、王陽明。

27 錢穆：《宋明理學概述》(臺北：臺灣學生書局，1977 年)，頁 250-251。

28 張立文：《中國學術通史》(宋元明卷)(北京：人民出版社，2004 年)。

29 侯外廬：《宋明理學史》(上)(北京：人民出版社，1984 年)，頁 704-720。

30 「這些說法，意在強調漢、唐傳注疏釋的重要。這與撥棄漢唐訓詁的宋代理學家們有所不同。理學是直接以義理發揮經書的，故能鑿空臆斷、自由其說。而劉因所謂《六經》自秦以後，出現漢、唐傳注疏釋，然後才有宋代議論，這是把經學歷史的次序，說成是理學產生的「原委」，將兩者混淆起來，則未免似是而非。」見侯外廬等：《宋明理學史》(北京：人民出版社，1984年)，頁 718。

31 徐遠和：《理學與元代社會》(北京：人民出版社，1992 年)，頁 78-102。

32 蒙培元：《理學的演變—從朱熹到王夫之戴震》(福建：福建人民出版社，

將劉因與許衡並列[33]，兩人同為北方學者，且皆承襲朱學，學術取向卻不盡相同。[34]劉因在治學問道方面雖遵循著北方學術界的路數，卻更具體凸顯南北學術在交流融合過程中相互影響的痕跡，而有其重要性。

除了上述著作外，以「四書學」為專題研究的書籍諸如傅武光《四書學考》，該書列四書次序，首列《論語》、次《大學》、次《中庸》、次《孟子》，乃依四書中心人物孔、曾、思、孟時代而第其先後。此外，該書整理考論歷代四書論著，凡二千餘部，以考四書學源流，分為理學之部、心學之部、附

1998 年)，第 2 版，頁 213。

33 如羅光《中國哲學史‧元明篇》元代篇第三章北方理學家，舉許衡、劉因二人，前者佔三十三頁，後者僅佔九頁，份量有明顯差距。(臺北：臺灣學生書局，1988 年，許衡部分為頁 55-87，劉因部分為頁 88-96。)劉因部分僅分史傳、易學討論，未提及對朱學的吸收與四書方面的貢獻；至於姜國柱《中國歷代思想史》(四)宋元卷在元代思想家部分介紹許衡、劉因、吳澄三人，份量均等。(臺北：文津出版社，1993 年。許衡部分頁 512-523，劉因部分頁 524-535，吳澄部分頁 536-547)。此外，秦志勇《中國元代思想史》在〈元初北方理學的傳播與發展〉一章中(北京：人民出版社，1994 年，頁 8-54)，將劉因與趙復、許衡、郝經三人並列，討論劉因的天道觀、心性修養、齊物觀物、人生哲學、經史論，篇幅不長。書中指劉因批評學者研讀六經時往往捨傳注、疏釋，逕讀宋諸儒議論，不知其始終原委，「他所以這樣說，也許是他想到南宋之所以亡，同理學離開漢唐訓詁，以至離開《六經》的弊端有關。為補救此弊，在劉因眼裡，就得重視漢唐訓詁。」(北京：人民出版社，1994 年，頁 52)另外，葛兆光《中國思想史》書中提及從趙復到郝經、許衡、劉因，但未多著墨。(上海：復旦大學，2001 年)，而在葛榮晉主編《中國實學思想史》(上)第十五章〈元朝理學及其蘊含的實學思想〉第二節「趙復、劉因的理學及其實學思想」(頁 554-562)，文中闡述劉因「古無經史之分」的論點，未涉及對《四書集義精要》的討論。

34 許衡、劉因皆尊崇朱學，然前者雖亦有四書作品，但相較而言，更加重視〈小學〉，後者則推崇《四書》。此外，正如黃百家所分析的兩人治學傾向：「魯齋所見，只具粗跡，故一世靡然而從之；若靜修者，天分盡高，居然曾點氣象，故未可以為功效輕優劣也。」(見《宋元學案》卷 91〈靜修學案〉。)

錄(不知宗派者)。其中，理學之部又分為宗朱之類、與朱立異之類，至於宗朱之類又可細分為以朱詁朱之屬、采眾說以羽翼朱注之屬(主發明義理者、重訓詁考證者)、舉業之屬，[35]《四書精義集要》則歸為「以朱詁朱之屬」。另則，佐野公治著，張文朝、莊兵譯，林慶彰校訂的《四書學史的研究》[36]一書，論述從朱子至清代科舉《四書》學的發展，除了〈序章〉外，全書分為七章，依序討論《四書》學的成立─朱子的經書學構造、以宋元時代《四書》學為中心的政治思想狀況、朱子以後的《大學》觀變遷、《四書》詮釋書的歷史、《四書評》的歷史、晚明的《四書》學、科舉與《四書》學。其中，第二章討論《四書》學在宋元思想界的地位，提供本章外緣因素的線索；至於第四章臚列集成書，著者為元儒則僅列胡炳文《四書通》與倪士毅《四書輯釋》，未涉及劉因著述。此外，董洪利《孟子研究》中第十章為〈元明兩代的孟子研究〉[37]，該章除了揭示元代《孟子》地位的提高外，更舉金履祥、許謙的孟子研究，以及陳天祥《四書辨疑》對朱熹的批評，另外，針對宗朱學者趙悳、張存中等人四書著作中孟子部分也做出重點整理，[38]可惜未有劉

---

35 傅武光：《四書學考》，國立臺北師範大學《國文研究所集刊》第十八期。書凡八卷，卷一至卷三《論語》考，卷四《大學》考，卷五《中庸》考，卷六《孟子》考，卷七卷八餘考，綜考四書。各考又別為二編，上編主考證，下編敘流別。「本書既分述《語》、《學》、《庸》、《孟》於前，又綜述四書於後，則對於同一學者之論述，重複必多。此書所論概詳於《論語》考，而略於其他諸考。」(頁2)

36 佐野公治：《四書學史的研究》(臺北：萬卷樓圖書股份有限公司，2014年)。日文版為1988年由創文社出版：《四書學史の研究》。

37 董洪利：《孟子研究》(南京：江蘇古籍出版社，1997年)，頁257-291。

38 計有以下諸書：趙悳《四書箋義》、張存中《四書通證》、袁俊翁《四書疑節》、史伯璇《四書管窺》。

因《四書集義精要》的相關討論。廖雲仙《元代論語學考述》一書則詳考《四書集義精要》諸家著錄、卷數問題及版本，指出現存版本有二：其一為《四庫全書》文淵閣影本所收，凡二十八卷；其一為臺北故宮博物院藏「元至順元年江浙等處行中書省刊本」收，凡三十六卷。至於周春健《元代四書學研究》[39]書末所收元代四書學著作中，著錄「四書集義精要二十八卷，劉因撰，存。」三十六卷本則未錄。

據清儒倪燦、盧文弨《補遼金元藝文志》[40]著錄，元人所撰《四書》類著作多達五十二部，七百餘卷；但《四庫全書》所收元代學者所撰《四書》類著作僅十一部[41]，劉因《四書集義精要》即為其一，重要性可見一斑。另則，誠如陳榮捷〈元代之朱子學〉所言，朱子學能統馭有元一代，主要是因歷史的偶然與朱子本身道統之直接傳承。[42]朱熹認為孟子之後，道統失傳，直至二程才得以承繼，《朱子文集》卷82〈書臨漳所刊四子後〉有云：

> 聖人作經以詔後世，欲求道以入德者，舍此為無所用心矣！
> 然去聖既遠，講誦失傳，自其象數、名物、訓詁、凡例之

---

39 周春健：《元代四書學研究》(上海：華東師範大學出版社，2008 年)，頁157-178。

40 〔清〕倪燦撰、盧文弨補：《補遼金元藝文志》(臺北：開明書店，1959 年)。

41 另有陳天祥《四書辨疑》15 卷、許謙《讀四書叢說》8 卷、胡炳文《四書通》26 卷、張存中《四書通證》6 卷、袁俊翁《四書疑節》12 卷、景星《大學中庸集說啟蒙》2 卷、王充耘《四書經義貫通》8 卷、詹道傳《四書纂箋》28 卷、朱公遷《四書通旨》6 卷、史伯璿《四書管窺》8 卷。

42 陳榮捷：〈元代之朱子學〉，收於氏著、萬先法譯：《朱學論集》(臺北：臺灣學生書局，1988 年)，增訂再版，頁 299-329。文中提到劉因部分為頁306、307、314。

間，老師宿儒尚有不能知者，況於新學小生驟而讀之，是
亦安能遽有以得其大指要歸也哉？故河南程夫子之教人，
必先使之用力乎《大學》、《論語》、《孟子》、《中庸》之言，
然後及乎六經。蓋其難易、遠近、小大之序，固如此而不
可亂也。故今刻四古經，而遂及乎此四書者以先後之。其
考舊聞為之音訓，以便觀者。又悉著凡程子之言及於此者，
附於其後，以見讀之之法，學者得以覽焉。抑嘗妄謂《中
庸》雖《七篇》之所自出，然讀者不先於《孟子》而遽及
之，則亦非所以為入道之漸也。[43]

宋代儒學復興，《孟子》漸受重視。尤其慶曆以後，理學興起，
二程表章《孟子》，躋之《論語》《學》《庸》之列。朱子更
以配為四書，於是治孟子者，乃風起而雲涌，歷元至明而不衰。
[44]朱熹融會理學於經學，且以二程上承孔孟道統，叮嚀讀者先《孟
子》後《中庸》，這些變化也必然會在著作中得到反映。[45]觀其
人在《孟子集注》中闡發，對二程的推崇亦表現於對經典的說
解之中。基此，本章以《四書集義精要》的孟子部分(以下稱《孟
子集義精要》)為討論對象，以三十六卷本的完整版為底本，並
參酌二十八卷本的殘本，試圖探析《孟子集義精要》內容，以
求對朱熹的孟子學有更進一步的認識。

---

43 〔宋〕朱熹：《朱子文集》(臺北：德富文教基金會，2000 年)，頁 4071。
44 傅武光：《四書學考》，《國文研究所集刊》第十八期，頁 199。
45 董洪利：《孟子研究》第十章〈元明兩代的孟子研究〉(南京：江蘇古籍出版
　　社，1997 年)；另可參考王明蓀：〈略述元代朱學之盛〉，見氏著：《遼金
　　元史學與思想論稿》(永和：花木蘭出版社，2009 年)，頁 271-286。

第二節　劉因《孟子集義精要》撰作歷程

一、生平述略

　　劉因，號靜修[46]。保定容城人，生於宋理宗淳祐九年(1249)，卒於元至元三十年(1293)，年四十五[47]。身處蒙元初期的劉因，以學行著稱於世，但卻不求仕於蒙元，直至元世祖至元十九年(1282)才受皇太子真金徵召，擢為承德郎、右贊善大夫，在宮中教授近侍子弟，不到一年即因母疾辭歸，從事私人講學。至元二十八年(1291)，朝廷又以集賢學士、嘉議大夫徵召，劉因堅辭不就，以道自尊的劉因認為元主不足為輔，即便出仕，終將無所作為，其人出仕或歸隱，乃受政治環境影響。劉因雖不仕元，仍講君臣之義，曾言：

> 凡吾人之所以得安居而暇食，以遂其生聚之樂者，是誰之力？皆君上之賜也。是以凡我有生之民，或給力役，或出智能，亦必各有以自效焉。此理勢之必然，亙萬古而不可

---

[46] 劉因曾述及「靜修」二字之由來：「當年靜修銘，團茅雞距陽」，並言：「雞距，保府泉名，舊嘗取武侯靜以修身語，名所寓舍曰靜修龕。」可見受諸葛亮影響。詳參劉因：〈和雜詩〉之八，《靜修先生集》卷12，頁248。

[47] 周春健《宋元明清四書學編年》引門人蘇天爵《滋溪文稿》卷 8〈靜修先生劉公墓表〉、《元名臣事略》卷 15〈靜修劉先生〉、《元史·劉因傳》、日人今關壽麿《宋元明清儒學年表》之說，歸結劉因享年四十五。

易。[48]

由此可見君臣之義於天地之間乃勢之必然，不可更易。《宋元學案》卷九十一設「靜修學案」，又因出江漢之傳，卻別為一派，故列劉氏為「江漢別傳」。元儒蘇天爵作劉因〈墓表〉曰：「其他《小學》、《四書語錄》，亦皆門生所錄」，為《元史·劉因傳》所採。[49]元人評價劉因，常將他與許衡、吳澄對比；蘇天爵最先並提劉、吳二人，指出他們的志同道合：「天爵之生也後，不獲見先生。及游成均，得臨川吳文正公澄為之師。吳公于海內諸儒，最慎許可，獨尊敬先生。豈其問學出處，道同而志合歟？」[50]元末名士虞集則把劉因與許衡作比，以為劉因識見品格更高：

---

48 《靜修文集》卷 3〈與政府書〉。見氏著：《宋元明清四書學編年》(臺北：萬卷樓圖書股份有限公司，2012 年)，頁 154-157。

49 周春健：《元代四書學研究》（上海：華東師範大學出版社，2008 年），頁 327。

50 〔元〕蘇天爵：《滋溪文稿》卷 8。

> 文正沒，後之隨聲附影者，謂修辭申義為玩物，而苟且于
> 文章；謂辨疑答問為躐等，而姑困其師長；謂無所猷為為
> 涵養德性，謂深中厚貌為變化氣質，外以聾瞽天下之耳目，
> 內以蠱晦學者之心思，雖其流弊使然，亦是魯齋所見，只
> 具粗跡，故一世靡然而從之也。若靜修者，天分盡高，居
> 然曾點氣象，固未可以功效輕優劣也。[51]

明人修《元史》列有劉因傳，文集也一再刊刻。然而，七次的從祀之請[52]，均「格于時議」而被否定。眾多爭論，也反映劉因在明代的影響。只是，由於過分重視政治態度問題，從而掩蓋或削弱了對劉因學術思想的全面闡揚。清儒孫奇逢撰《理學宗傳》，采劉因言行冠於書之首，又列入《北學編》。康熙年間，劉因著作編入《容城三賢集》刊行。其人著有《靜修集》[53]。《元儒考略》卷二、《史傳三編》卷八等亦述其生平。

---

51 《宋元學案》卷91〈靜修學案〉。

52 三賢集本《靜修集》附錄「陳夔龍奏請從祀折」：「元臣李世安等累章請與許文正同祀；明禮部尚書王沂、翰林學士宋褧亦嘗以從祀請；成化元年，助教李伸亦請從祀；弘治元年，禮部尚書周洪謨等議，薛瑄與劉因並祀；正德間，容城張紹烈復力言，宜准楊時例從祀。」案：宣統元年(1909)，陳夔龍時任為直隸總督，稱劉因「學術精純，志行卓越」、「著述隆富，羽翼經傳之功早經議定前朝，允足信今傳後。」此次奏請，終獲朝廷批准。

53 《靜修集》今存四部叢刊初編本為元至順庚午本，書中對元蒙統治者的相關討論遭刪除，收錄未全；萬曆間，方義壯始加以輯錄，增編為《劉靜修先生集》，即為畿輔叢書初編本，輯有劉因〈敘學〉，為研究劉因之重要材料。

二、著作緣由

據周春健《元代四書學研究》附錄「元代四書類著述考」[54]，分為五大類，計有：合刻總義之屬(172 種)[55]、大學之屬(37 種)、論語之屬(30 種)、孟子之屬(23 種)、中庸之屬(28 種)。劉因《四書集義精要》為周氏所分第一類。檢覈此類的 172 種著作，原有書名者逐錄，原無書名者則為周氏另加[56]；另則，部分著者為同一人、書名類似者[57]；其中，「講義」、「辨疑」出現六次，「講義」用於課堂講授，「辨疑」用於糾正訛謬；出現三次的有「語錄」；出現兩次的有「通義」、「衍義」、「講稿」、「提要」、「解」、

「直解」、「詳說」、「集疏」；其餘皆出現一次。[58]不同的注

---

54 周春健：《元代四書學研究》(上海：華東師範大學，2008 年)，頁 308-475。
55 周春健：《元代四書學研究》(上海：華東師範大學，2008 年)，頁 310-430。
56 如陳櫟《四書試文》、陳櫟《四書考異》均為周春健所加書名。
57 如《章圖纂釋》、《章圖隱括總要發義》、《章圖隱括總要》。
58 計有「集說附說」、「集注附錄」、「集注」、「集成」、「集說啟蒙」、「附錄」、「旁注」、「增釋」、「輯釋」、「管窺」、「句解鈐鍵」、「指要」、「會要」、「典要」、「疏義」、「演義」、「述義通」、「節義」、「輯義」、「大義」、「述義」、「述」、「發揮」、「發明」；「補注」、「輔注」、「選注」、「標注」、「注」；「考證」、「引證」、「文字引證」；「日錄」；「通成」、「通證」、「通義」、「通紀」、「通辨」、「明辨」；「考異」、「考義」；「通證」、「通」；「纂箋」、「纂類」、「箋義纂要」、「纂惑」、「集箋」、「纂疏」、「纂要」、「語錄纂疏」、「附纂」「纂釋」；「提綱」；「解說」；「標題」；「問答」、「問對」、「經疑問對」、「待問」；「答疑」、「斷疑」、「疑義」、「釋疑」、「闕疑」、「疑節」；「經訓要義」；「集義精要」、「精要考異」；「經疑貫通」、「一貫」、「一貫錄」；「道統」；「家說」、「新說」、「約說」、「中說」、「說」；「言仁錄」；「訓詁」、「家訓」；「集解」；「本旨」、「通旨」；「日講」；「類辨」、「釋要」、「歸極」、「拾遺」、「備遺」、

解形態代表殊異的方向，以不同的解經體例表達義理內涵：章
句、訓詁、集注均必圍繞經文作字、辭、句的注釋，而講義則
往往從經文中提煉出大義，[59]然後作深入系統地闡發。「集義精
要」則既博取，又由博返約，於此可見，劉因此作除了援取前
人注釋形式外，亦有新變之處。據《四庫全書總目》載《四書
集義精要》二十八卷，有言：

> 元劉因撰。因字夢吉，號靜修，容城人。世祖至元十九年，
> 徵授承德郎、右贊善大夫，未幾辭歸。再以集賢學士徵，
> 不起。事跡具《元史》本傳。朱子為《四書集注》，凡諸人
> 問答與《集注》有異同者，不及訂歸於一而卒。後盧孝孫
> 取《語類》、《文集》所說輯為《四書集義》，凡一百卷。
> 讀者頗病其繁冗，因乃擇其指要，刪其複雜，勒成是書。
> 張萱《內閣書目》作三十五卷，《一嵩書目》則作三十
> 卷。考蘇天爵作因《墓志》，亦稱是書三十卷，則萱所
> 記誤矣。此本僅存二十八卷，至《孟子・滕文公上篇》
> 而止，其後並已缺佚，已非完帙。然朱彝尊《經義考》
> 注云：「未見」，則流傳頗罕，亦元人遺笈之僅存者，
> 不以殘缺病也。其書芟削浮詞，標舉要領，使朱子之說
> 不惑於多歧，蘇天爵以「簡嚴粹精」稱之，良非虛美。
> 蓋因潛心義理，所得頗深，故去取分明，如別白黑，較
> 徒博尊朱之名，不問已定未定之說，片言隻字無不奉若

「人名考」、「指掌圖」、「章圖」、「類編」、「凡例」、「叢說」、「儀
對」。

59 如宋儒張栻於長沙嶽麓書院、城南書院講授《孟子》，其〈講義發題〉強調
以孔子為己之學解讀《孟子》，注重切己體察。

球圖者，固不同矣。[60]

儒者註解經典，或是做為個人安身立命的手段，或是表達企慕
聖域之心，上述引文說明《四書集義精要》撰作歷程，並揭示
劉因對朱子的態度，於此可觀朱子如何辨析諸說以及斟酌排
序。除了肯定劉因《四書集義精要》對朱子《四書章句集注》
的羽翼、發明之功，而且，劉因並非僅是尊朱之名，而在於能
夠去取分明，不僅審《集注》之精粹，更能識朱學之指歸，因
此得之高度評價。門人蘇天爵以為：

> 初，朱子於《四書》凡諸人問答與《集注》有異同者，不
> 及訂歸於一而卒。或者輯為《四書集義》數萬言，先生病
> 其太繁，擇為《精要》三十卷，簡嚴粹精，實於《集注》
> 有所發焉。[61]

四書學由宋傳至元代，已與朱熹當年情勢不同。元代初期，由
於政治中心的北移，北方地區的四書學較諸南方更為活躍。然
而，劉因認為當時「學者多好高騖遠，求名而遺實，逾分而遠
探，躐等而力窮」，劉因雖未受教於趙復，但自趙復、硯彌堅[62]

---

60 《四庫全書總目》卷36，頁299。
61 〔元〕蘇天爵：《滋溪文稿》，卷8。
62 硯彌堅，字伯固，應城人。至元二十四年(1287)召為國子司業，至元二十六
　年(1289)卒，年七十八，著有《郧城集》十卷。蘇天爵所做〈靜修先生劉公
　墓表〉有言：「故國子司業硯公彌堅教授真定，先生從之游，同舍生皆莫能
　及，獨中山滕公安上差可比。硯公皆異待之，謂先生父曰：『今子經學貫通，
　文詞浩瀚，當為名儒。』」見蘇天爵：《滋溪文稿》(北京：中華書局，2007
　年)，卷8。

北上宣揚經學與理學，北方學者諸如許衡、劉因、郝經等人「皆得其書而崇信之」[63]，「自蘇門趙復處得伊洛之書後，他不僅因此含英咀華其中精微，此外還能旁搜遠紹，不使己學居於一隅，同時又與其他儒者多有接觸，盧孝孫的《四書集義》可能就在這種其況下獲得，幸虧如此，北儒的四書學也因此才能繼續發展下來」，此外，「北儒中最有功於四書學發展的學者，劉因可當之無愧，……簡言之，姚樞對《四書》有肇基之功，許衡有童蒙之功，而劉因則有弘揚之功」[64]。另則，比起為解釋《四書集注》而重新注解，在元代，融合對《四書集注》的注解而集其大成更為流行[65]，劉因的《四書集義精要》正是集盧孝孫的《四書集義》的要點而成的「精要」。

第三節　《孟子集義精要》版本差異

一、現存版本

《四書集義精要》於諸如《千頃堂書目》等明清各藏書志中均見著錄[66]。現存版本有二：《四庫全書》文淵閣影本所收凡二

---

63 〔清〕黃宗羲：《宋元學案》(北京：中華書局，1986 年)，卷 90，頁 2995。

64 黃孝光：《元代的四書學》(臺北：西南書局，1978 年)，頁 25-26。全書分為〈元初四書學的形成〉、〈元儒與四書學〉、〈元儒四書學的師承與特色〉、〈學校、科舉與四書學〉、〈元代君臣與四書學〉五章。

65 諸如胡炳文的《四書通》乃是匯集趙順孫《四書纂疏》和吳真子《四書集成》為一書，陳櫟的《四書發明》與倪士毅根據《四書通》補訂《四書發明》而編纂了《四書輯釋》，亦有相同旨趣。

66 關於《四書集義精要》諸家著錄、卷數問題及版本可詳參廖雲仙：《元代論

十八卷,臺北故宮博物院藏「元至順元年江浙等處行中書省刊本」收凡三十六卷。據傅增湘《藏園群書經眼錄》所載:

> 《四書集義精要》三十六卷。元至順元年江南行省官刊本,九行十七字,線黑口,四周雙欄。版心下有刊工人名(首頁刊生謝文炳),前有江浙等處儒學舉薦司官牒,後列供給、繕寫、對讀及官吏銜名十行,錄如後:「皇帝聖旨裡:江浙等處儒學提舉司至順元年四月二十七日承奉江浙等處行中書省掾吏張炎承行四月二十二日札付該准中書省咨翰林國史院呈。據待制歐陽玄,修撰謝端、李黼,應奉蘇天爵等呈:欽維國家近年以來開設科舉取士以明經為本,明經以《四書》為先,然《四書》止有朱氏《集注》,其他門人記錄之語,或論辯之書,所以倡明《四書》,羽翼《集注》者,尚多有之。朱氏既歿,時人會粹為《四書集義》,其書數萬言,中間或有朱氏未定之說,讀者病焉。故集賢學士劉公夢吉,以高明之資,思廣道術,始即其書刪繁撮要為三十卷,名《四書集義精要》。蓋聖賢之道具在《四書》,《四書》之旨,得《集注》而後著;《集注》之說,得《精要》而益詳。若將此書於江南學校錢糧內刊版印行,流布於世,

---

語學考述》(臺北:新文豐出版社,民 94 年),頁 314-318。今迻錄如下:〔明〕張萱:《內閣藏書目錄》(臺北:廣文書局,,1968 年),卷 2,頁 23;〔清〕黃虞稷(1629-1691):《千頃堂書目》(上海:上海古籍出版社,1990 年),卷 3,頁 91;〔清〕朱彝尊:《經義考》(臺北:中華書局,1979 年),卷 254,頁 1;〔清〕倪燦、盧文弨:《補遼金元藝文志》(臺北:開明書店,1959 年),《二十五史補編》第六冊,頁 7;〔清〕錢大昕:《補元史藝文志》(臺北:開明書店,1959 年),《二十五史補編》第六冊,頁 10;〔清〕孫德謙:《金史藝文略》(臺北:世界書局,1963 年),頁 79。

使學者因《精要》以求《集注》之說，因《集注》以明《四書》之旨，則聖賢之學庶幾傳布者廣，其於國家設科取士之制，明經化俗之方，豈曰小補？具呈照詳得此，本院看詳：上述《四書精要》有益聖經，可裨世教，如准屬官所言，移咨江南行省開板，相應具呈。照詳得此，都省議得：故集賢學士劉夢吉《四書集義》發明經旨，宜廣其傳，以淑後學，合允所請。今將本書隨此發去，咨請照驗，移請本省提調官，仍委儒進官員，依上如法繕寫成帙，校勘對讀無差，於各路贍學錢糧內刊梓印布施行。」[67]

綜上可知劉因著作對聖賢之學推廣之功，以及有益聖經、可裨世教，且其人從祀孔廟，與羽翼朱學亦不無關係。官方出資刊刻《四書集義精要》主要是為了「使學者因《精要》以求《集注》之說」，如此，四書之旨得以倡明，除了「聖賢之學庶幾傳布者廣」外，對於「國家設科取士之制，明經化俗之方」更有極大助益。吳哲夫〈劉因及其四書集義精要〉一文特別說明「元至順元年江浙等處行中書省刊本」：

元劉因先生撰寫的《四書集義經要》這部書，於元至順元年(1030)由江南行省首次予以雕印出版。全書共三十六卷，由於流傳稀少，看到這部版本的人不多，因而各家對這部書的記載，互有出入。清代纂修的《四庫全書》，收錄此書，僅止二十八卷，為一殘本，便是顯證。此書

字仿趙體，靈活雅緻，紙墨如新，行款爽朗，為元刻上乘，而存世絕罕，更添百倍身價。目前所知存世最完整的一部，藏在故宮博物院善本書庫中，堪稱為稀世秘笈。[68]

此書版框長 27.9 公分，寬 20.3 公分，書版寬大，為古書少見。而其字體仿當時流行的趙孟頫體，靈活神似，可見參與出版的書手、刻工均為一時之選。臺北故宮博物院所藏三十六卷本除了刊刻年代甚早，收錄也顯完備。吳哲夫曾比較二十八卷本與三十六卷本之間的差異如下：

> 清《四庫全書》收錄此書，係據兩淮鹽政採進本謄錄的，其書前提要有說：「此本僅存二十八卷，至《孟子滕文公》上篇而止，其後並已闕佚，亦非完帙。」今據文淵閣本此書考知，《四庫全書》所著錄的，除二十九卷之後，全部佚亡外，卷九(《論語》五)、卷十(《論語》六)、卷二十(《論語》十六)、卷二十一(《論語》十七)，皆注原缺，所以當日兩淮鹽政所採進的書本，只是二十四卷的殘本，去全書的完整性，還差三分之一左右。[69]

茲以表格呈現如下：

版　本	28 卷本	36 卷本

---

68 吳哲夫：〈劉因及其四書集義精要〉，收於《故宮文物月刊》第 8 卷第 7 期，1990 年，頁 106-113。

69 吳哲夫：〈劉因及其四書集義精要〉，收於《故宮文物月刊》第 8 卷第 7 期，1990 年，頁 112。

卷 1 至卷 4	《大學》	《大學》
卷 5 至卷 25	《論語》(缺卷 9、卷 10、卷 20、卷 21)	《論語》
卷 26 至 28	《孟子》	《孟子》
卷 28 至卷 33		《孟子》
卷 34 與卷 35		《中庸》
卷 36		引用諸氏姓名

　　吳哲夫雖未涉及《四書集義精要》的義理闡釋，但卻點明該書文獻價值，誠如所言，三十六卷本確實為稀世秘笈，深具學術價值，因而具有討論必要。

二、文字異同

　　二十八卷本與故宮所藏之三十六卷本文句有何異同？以臺北故宮所藏三十六卷本的《四書集義精要》為底本，參以《四庫全書》文淵閣影本所收的二十八卷本，兩版本行文均依次列出書名、篇名、章次，兩種版本間有文句的不同，茲以表格臚列如下：

	28 卷本	36 卷本	備註
卷 26〈梁惠王上〉首章	首章下有小字「孟子見梁惠王」	首章下無字	

卷 26〈梁惠王下〉首章	首章下有小字「莊暴見孟子」	首章下無字	
卷 26〈梁惠王下〉五章「人皆謂我毀明堂」	問孟子答梁王問利，直掃除之，此處「卻又」如此引導之	問孟子答梁王問利，直掃除之，此處「又卻」如此引導之	《朱子語類》作「又卻」
卷 26〈梁惠王下〉八章「湯放桀」	踰東家「墻」者便是滅絕天理	無「墻」字	《朱子語類》作「踰東家墻底便是絕滅天理」
卷 27〈公孫丑上〉二章「夫子加齊之卿相」	是以反「覆」推之	是以反「復」推之	《四書或問》作「反復」
	不務知言，不務養氣，但只硬把定中間箇心，要「他」不動(雙排小字)	不務知言，不務養氣，但只硬把定中間箇心，要「也」不動(單排小字)	《朱子語類》作「他」
	非是山已成形，乃名為「山」也(雙排小字)	非是山已成形，乃名為「義」也(單排小字)	

	「故答得亦周匝」底下小字「自」	「故答得亦周匝」底下小字「自修」	此段為朱子門人孫自修所載，又，《朱子語類》作「所以答得亦周匝」，此處應是版本舛誤之故，無關義理，故僅備存。
	凡人多動作多「笑語」	凡人多動作多「語笑」	《朱子語類》作「語笑」
	只行得五十里，卻硬「欲」行百里	只行得五十里，卻硬「要」行百里	《朱子語類》作「要」
卷28〈公孫丑上〉六章「人皆有不忍人之心」	天地生人物，須是和氣方生「溫暖和煦」(大字)	天地生人物，須是和氣方生「溫暖和煦」(單排小字)	《朱子語類》無「溫暖和煦」
	人自和氣中生，所以有不忍心「慈祥側怛」(大字)	人自和氣中生，所以有不忍心「慈祥側怛」(單排小字)	《朱子語類》無「慈祥側怛」，又，「不忍心」應為「不忍人之心」

	而恭敬之心「於」是乎形	而「而」恭敬之心是乎形	《朱子語類》作「而恭敬之心於是乎形」
	蓋仁,仁也,「而」禮則仁之著	蓋仁,仁也,禮則仁之著	《朱子語類》作「蓋仁,仁也,而禮則仁之著」
卷 28〈公孫丑下〉首章	首章下有小字「天時不如地利」	首章下無字	
卷 28〈滕文公上〉首章	首章下有小字「滕文公為世子」	首章下無字	
卷 28〈滕文公上〉三章「滕文公問為國」	九州之「賦」	九州之「賤」	《四書或問》作「九州之賦」
	亦有「司」稼之官	亦有「同」稼之官	《四書或問》作「司稼之官」
	「古之」君子蓋有憂之	「先王」君子蓋有憂之	《四書或問》作「先生君子蓋有憂之」
卷 28〈滕文公上〉四章	市不「貳」賈之說	市不「二」賈之說	《四書或問》作「二」

「有為神農之言者」			
卷 28〈滕文公上〉五章「墨者夷之」	夷子「既」學於墨矣	夷子「之」學於墨矣	《四書或問》作「之」

關於上述文字異同，經檢覈原文比對後，「《四庫全書》文淵閣影本二十八卷本」正確為六處，「臺北故宮博物院藏元至順元年江浙等處行中書省刊本三十六卷本」正確為七處，其餘則皆有文字出入；以正確率來看，兩種版本相差不多，然而，細究可知，二十八卷本的錯誤分散至各卷，三十六卷本則多集中於卷二十八，雖說兩者差別未涉及義理闡發，卻可由此觀版本精審。

第四節　《孟子集義精要》義理內涵

朱子《四書章句集注》以圈號區分經旨解說及義理發揮，[70]《孟子集義精要》中的各種材料亦以圈隔開(部分文句之間缺圈)，計有《孟子或問》[71]、《朱子文集》、《朱子語類》，檢

---

70 朱在曾言其父朱熹《四書章句集注》體例為「章末用圈而列諸家之說者，或文外之意，而於正文有所發明，不容略去，或通論一章之意，反覆其說，切要而不可不知也。」)見朱彝尊：《經義考》(臺北：中華書局，1979 年)，卷217，頁 3。
71 計十四卷，為《四書或問》的一部份。《四庫全書總目提要》：「朱子既作《四書章句集注》，復以諸家之說紛雜不一，因設為問答，明所以去取之意，

覈內容以觀，以《或問》為主，其次為《語類》，間以《文集》為輔：王懋竑纂訂《朱子年譜》於「四年丁酉，四十八歲夏六月，《論孟集註》、《或問》成」、「先生既編次《論孟集義》，又作《訓蒙口義》，既而約其精粹妙得本旨者為《集註》，又疏其所以去取之意為《或問》」[72]。《四書或問》材料主要為二程擴而及於宋儒說法，收有以下諸家說解：周敦頤、蘇軾、蘇轍、周孚先、晁說之、曾幾、胡寅、洪興祖、吳棫、張栻、林之奇、陳暘、李郁、徐度，可見取徑蒐羅之深廣，也反映朱熹會通諸儒的成果。至於《朱子語類》乃為朱子師生間諄諄勸勉的問答記錄，從收錄的門人[73]記載及討論，可看出朱子後學對朱學的吸收與理解，其中卷 51 至 61 是朱子講授《孟子》及師生研討的言論。錢穆在《宋代理學三書隨箚》[74]提到：

以成此書。」

72　王懋竑：《朱子年譜》(臺北：臺灣商務印書館，1987 年)，頁 65。

73　〔宋〕黎靖德輯《朱子語類》卷首，有「朱子語類姓氏」，羅列記錄《朱子語類》的門人姓名。

74　錢穆：《宋代理學三書隨箚》(臺北：東大圖書股份有限公司，1996 年)，收有《周濂溪易通書隨箚》、《近思錄隨箚》、《朱子四書集義精要隨箚》三種。由於錢穆於八十七歲生辰前，天暑蒸溽，偶取《四書集義精要》三十六卷本，因此，「晨夕伏案，藉資消遣。隨有箚錄，管窺蠡測，聊以成編」，該書隨箚於頁 70-99。觀之錢穆案語，或簡或繁，或闡述性理之學，或細說朱子推尊二程，或辨析崇慕西化與文化復興，雖未全面探討，引用《四書集義精要》原文時非一字不漏。如在〈盡心上・首章〉中，於「而今看他這物事，這機關，一下撥轉便攔他不住」後省略「如水車相似，才踏發這機，更住不得」(頁 88)，又如〈聖人百世之師章〉中，於「一聞其風而興起焉，則其為效也速，而所及者廣」後省略「譬薑黃桂大黃之劑，雖非中和，然其去病之功為捷，而田夫販婦大寒大熱者之所便也」(頁 91)，錢穆除了刪去《四書集義精要》中許多舉例部分，對於單純引文亦有所遺漏，如〈滕文公・景春曰章〉中，原文為「心不狹隘，則所居者真天下之廣居矣」，錢穆則做「心

朱子論程子語不當專守一說，當據其《文集》、《遺書》而
細求之。其實讀朱子書，亦何不然，亦當會通其《文集》、
《語類》諸書而細求之。因朱子為學，只是博文約禮。知
道些前人底，而於己奉行有準則而已。其己所立言，一須
向上推求。通讀《論語》二十篇，始可見朱子所窺之孔子
意；通讀《孟子》七篇，始可見朱子所窺之孟子意；通讀
《近思錄》一書，可見朱子所窺之周、張、二程四家意。
述而不作，信而好古，孔子以下中國學人率如此，而朱子
尤為傑出。亦有朱子一己之會通發明處。即如此《精要》
一編，上起朱子五十以前，下迄朱子七十以後，歷時已近
三十年之久，其門人弟子記錄師語者，收於斯編，亦逾六
十人以上。[75]

大抵朱子門人從黃榦開始，已將《語類》用來補充《集注》內
容，並搭配《或問》，闡述註解的理由，並解答他人可能提出
的問題，以方便了解朱子注解的用意。此外，朱子《四書章句
集注》兼顧漢唐古注與宋人講論，將成果合而為一。於經文每
先釋其音讀，明其本字，以為之後注解討論；諸如古今文字校
正、新舊讀音之異、文字反切、聲調標注等。《孟子集注》標
注文字音讀共五百二十一處，九百五十字，居四書之冠。[76]至於

不狹隘，則所居廣」；原文為「身不苟安，則所立正」，錢穆則做「身不苟
安，則所立者，必天下之正位矣」；原文為「事不苟從，則所行皆大道」，
錢穆則做「事不苟從，則所行者，皆天下之大道矣」；原文為「得志，與民
由之，則出而推此於人也；不得志，獨行其道，則退而樂此於己也」，錢穆
則做「得志則出而推此於人；不得志則退而樂此於己」；原文為「如是則富
貴豈能誘而淫其心」，錢穆將「如是」誤做「如此」，以上引文皆出於頁 80。
凡此之例尚多。

75 錢穆：《宋代理學三書隨劄》(臺北：東大圖書股份有限公司，1996 年)，頁
95-96。

76 相關資料可參見陳逢源：〈集注與章句：朱熹四書詮釋的體例與方向〉，收

《孟子集義精要》文字音讀僅二處，[77]原因在於《孟子集注》幾乎已將該標注之音讀標注完成，劉因幾無可再標注，故只是在朱子基礎上稍加補充而已，並非劉因不重視標注音讀一事。此外，《孟子集義精要》常將冗雜拗曲之處梳理簡化，意思也更為明朗，因而便於閱讀。藉此可一窺朱熹思索方向，推究去取之間如何擴發演繹，以下措舉其要：

一、凸顯朱子尊程用意

二程學說中諸如識仁[78]、性善[79]、養氣[80]諸說，皆本之孟子

於氏著：《「融鑄」與「進程」：朱熹《四書章句集注》之歷史思維》（臺北：元照出版公司，2013 年），頁 199。依陳逢源統計，朱熹標注文字音讀者，《論語集注》三百八十五處，五百九十九字；《大學章句》三十五處，七十五字；《中庸章句》五十八處，一百字。《孟子集注》固然因篇幅長而討論多，然其標注高達近千字也是不爭的事實。至於曹曉雲〈試評《孟子集注》的訓詁得失〉（《淮北煤炭師院學報》，1992 年）則分析朱注在訓詁、句讀方面的失誤；又，朱松美：〈經典詮釋與體系建構—朱子《孟子集注》的詮釋特色及其時代性分析〉（《孔子研究》，2005 年）則指出《孟子集注》的詮釋特色是重視古注、追求本義。

77 其一為卷 29〈滕文公下〉首章：「貫字音慣，當補之」；其一為卷 30〈離婁〉二十章討論「而」、「如」兩字：「『春秋』『星隕如雨』，左氏曰：『與雨偕也。』此以如為而也，他如此類，不可殫舉。故陸氏《釋文・序》論音讀之訛曰：『而如靡異，則其混讀而互用之久矣！』」，同章亦言：「文字音讀之學，豈可忽哉？讀者細考乎此，而虛心以求之，則庶乎其無所疑也。」

78 程顥〈識仁〉：「學者須先識仁。仁者渾然與物同體。義禮皆信，皆仁也。識得此理，以誠敬存之而已。天地之用，皆我之用。孟子言：『萬物皆備於我。』，須反身而誠，乃為大樂。」（《二程遺書》卷 2）

79 程頤論仁曰：「孟子曰：『惻隱之心，仁也。』後人遂以愛為仁。惻隱固是愛，愛自是情，仁自是性；豈可專以愛為仁。蓋為前已言惻隱之心，仁之端也。既曰仁之端，則不可便謂之仁。」又論性曰：「孟子所以獨出諸儒者，以能明性也。性無不善；而有不善者，才也。」（《二程遺書》卷 18）

80 程顥論養氣曰：「浩然之氣，乃吾氣也；養而無害，則塞乎天地。一為私意

而加以闡微。朱熹認為孟子之後，道統失傳，直至二程才得以
承繼，不僅於《中庸章句‧序》說明其道統觀，《孟子集注》
中亦引用程頤推讚其兄程顥之語：

> 周公歿，聖人之道不行；孟軻死，聖人之學不傳。……先
> 生生乎千四百年之後，得不傳之學於遺經，以興起斯文為
> 己任。辨異端、闢邪說，使聖人之道煥然復明於世。蓋自
> 孟子之後，一人而已。（〈盡心下〉）

朱熹對二程的推崇亦表現於對經典的說解之中。以《孟子‧梁
惠王上》「王何必曰利？亦有仁義而已矣！」為例，《孟子集
注》僅云：「仁者，心之德、愛之理；義者，心之制、事之宜
也。」然而，未有進一步闡發。《孟子集義精要》則引《朱子
語類》賀孫所載之言補充：

> 心之德是渾淪說，愛之理方說到親切處，心之制是說義
> 之體。程子所謂處物為義是也。楊雄言義以宜之，韓愈
> 言行而宜之之謂義；若只以義為宜，則亦有在外意思，
> 須如程 子言處物為義，則處物者在心，而非外也。（卷
> 26，頁 2）

所蔽，欲則然而餒，知其小也。」程頤論養氣曰：「氣有善有不善，性則無
不善也。人之所以不知善者，氣昏而塞之耳。孟子所以養氣者，養之至則清
明純全，而昏塞之患去矣。」又曰：「孟子養氣一章，諸君潛心玩索，須是
實識得，方可勿忘勿助長。只是養氣之法如不識，怎生養；有物始言養，無
物又養個什麼浩然之氣。須是見一個物，如顏子如有所立卓爾，孟子言躍如
也；卓爾躍如，分明見得方可。」（《二程遺書》卷 2）

關於「義」字，漢代楊雄曾言「道、德、仁、義、禮，譬諸身乎？夫道以導之，德以得之，仁以人之，義以宜之」[81]，聚焦天人相似之處；唐代韓愈則言「博愛之謂仁，行以宜之之謂義」[82]，認為恰當實現仁就是義。至於程子乃表示天理在人心則為處物之義：「在物為理，處物為義」；在此，可見朱熹梳理「義」的脈絡，認為程子之說優於楊雄、韓愈，並受其影響，這部分也是光看《孟子集注》所無法發現的。又如〈萬章上〉二章「詩云娶妻如之何」，《孟子集義精要》引《四書或問》：

> 或問二章之說，曰：「程子所謂『天理人情，於是為至』者極為親切，學者所宜反復而深思，未易草草領略也。」（卷31，頁2）

此章孟子論及舜非不知象將殺己，但見其憂則憂，見其喜則喜。《孟子集注》引程子之言：「象憂亦憂，象喜亦喜，人情天理，於是為至。」《孟子集義精要》則不具引程子釋孟子之言，而是提點讀書之法。叮囑應反覆玩誦、深切思考程子關於天理人情的說法，類似提點同時見於該書〈告子上〉八章「牛山之木嘗美矣」：

> 非程子以是明之。孰能知其旨為然哉！然其語意亦頗深

---

81 汪榮寶：《法言義疏・問道卷第四》(臺北：世界書局，1962 年)，卷 6，頁 111。

82 唐〕韓愈：〈原道〉，收於《韓昌黎集》(臺北：臺灣商務印書館，1965 年)，卷 11，頁 173。。

約，予初讀之未覺其然也，後因諷誦《孟子》本文，忽悟
其意，然後求於程子之說，乃若有契於予心者耳。雖由予
之愚暗而然，然亦可見讀書之不可不熟，而前賢之說，其
微辭奧義，又非一見之所能窺也。（卷 31，頁 9）

程子對孔子「操則存，舍則亡；出入無時，莫知其鄉」加以闡
發，謂「心豈有出入，亦以操舍而言耳！操之之道，敬以直內
而已」，然而，此處未引程子原文，而是直申「非程子已是明
知」，後言此章語意深約，且自謙愚暗，微辭奧義須參酌前賢
之說，方可明瞭。又，《孟子‧盡心上》「形色，天性也；惟
聖人，然後可以踐形。」朱熹對此說明人之有形有色，無不各
有自然之理，亦即天性，但唯有聖人能夠有是形，又能盡其理，
《孟子集注》中引程子之言曰：「此言聖人盡得人道而能充其
形也。蓋人得天地之正氣而生，與萬物不同。既為人，須盡得
人理，然後稱其名。眾人有之而不知，賢人踐之而未盡，能充
其形，惟聖人也。」至於《孟子集義精要》則引《朱子文集》
中的〈答朱飛卿〉指出「可以踐形則無愧於形矣。程子所謂充
人之形，充字極分明。」比起《集注》，更為簡潔，並能提醒
重點，使後人在閱讀此段文字時有更好的理解。另如卷二十七
於〈公孫丑上〉二章之「夫子加齊之卿相」為例，《孟子集義
精要》先引《四書或問》之語：「氣配乎道義者也，又曰集義
所生何耶？曰：是則程子土山金器之喻至矣！」其下則注有小
字：

> 程子曰:「氣者,積義所生者,卻言配義,如以金為器,
> 既成,則目金器可也。」又曰:「若累土為山,須是積土
> 方成山,非是山已成形,乃名為義也。」(卷27,頁4)

透過闡釋,程子之意更為完備,金器之喻亦不言可喻。包弼德
曾指出「朱熹把從二程之後發展出來的幾種學說重新整理、修
正,並創造一個宏大、連貫的學術體系。我們甚至可以說,在
朱熹之後,理學就成了『朱子學』。」[83]此語雖是彰顯朱熹於二
程之後所扮演的關鍵地位,卻也肯定了朱熹對二程學說建構與
發揮的貢獻。

二、說解典制會通諸說

三代異制,眾說紛紜,朱注更為詳細並會通諸家說法,探
究其中狀況,但大抵是援古為說。如〈梁惠王上〉六章「孟子
見梁襄王」:

> 問:「古者改正朔,如以建子月為首,則謂之正月?抑只
> 謂之十一月?」曰:「此亦不可考。如詩之月數,即今之
> 月。孟子『七八月之間旱』,乃今之五六月;『十一月徒
> 杠成,十二月輿梁成』,乃今之九月十月。若以為改月,
> 則與《孟子》春秋相合,若以為不改月,則與詩書相合,
> 如秦元年以十月為首,末又有正月,又似不改月。」(卷

---

83 〔美〕包弼德(Peter K.Bol)撰、王昌偉譯:《歷史上的理學》(Neo-Confucianism
in History)(杭州:浙江大學出版社,2010年),頁80。

26，頁 3）

《孟子集注》僅言「周七八月，夏五六月也」，《孟子集義精要》則舉《朱子語類》中義剛記載，考據《孟子》「七八月之間旱」，更顯詳細。又如《孟子集注・公孫丑上》五章「尊賢使能」引張載、《周禮》說古代賦稅之方：

> 張子曰：「或賦其市地之廛，而不征其貨；或治之以市官之法，而不賦其廛。蓋逐末者多則廛以抑之，少則不必廛也。」《周禮》：「宅不毛者有里布，民無職事者，出夫家之征。」鄭氏謂：「宅不種桑麻者，罰之使出一里二十五家之布；民無常業者，罰之使出一夫百畝之稅，一家力役之征也。」（〈公孫丑上〉）

而於《孟子集義精要》中，有更詳細說法：

> 問：「市廛而不征」。「市在何處？」曰：「此都邑之市。人君國都如井田樣，畫為九區：面朝背市，左祖右社，中間一區，則君之宮室。前一區為外朝，凡朝會藏庫之屬皆在焉。是區之中左則宗廟，右則社稷，後一區為市。市四面有門，每日市門開，則商賈百物皆入焉。賦其廛者，謂收其市地錢，如今民間之鋪面錢。蓋逐末者多，則賦其廛以抑之；少則不廛，而但治以市官之法，所以招徠之也。市官之法，如《周禮》司市平物價，治爭訟，謹權量，譏察異服異言之類。市中惟民乃得入，凡公卿大夫有爵及士

者皆不得入，入則有罰。左右各三區，皆民所居。此國君都邑規模之大概也。」（卷 27，頁 11）

舉《朱子語類》中沈僩記載，文字有部分刪減，如僅提到公卿大夫不得入市中，入則有罰，省略「國君過市，則刑人赦；夫人過市，則罰一幕；世子過市，則罰一欒；命夫、命婦過市，則罰一蓋、帷」等罰則。又如同章另有舉《朱子語類》中輔廣記載如下：

> 漢之獄市、軍市之類，皆是古之遺制。蓋自有一箇所在以為市，其中有有司者治之耳，是《周禮》市官之法也。（卷 27，頁 11）

漢代有獄訟以及市集交易的制度，另在軍隊駐地附近出現軍市，徵收市租以供軍官與軍隊享用，這可溯及戰國時期，故此處說明為「古之遺制」，如此，則更清楚制度乃前有所承。又如〈滕文公上〉三章「滕文公問為國」，《孟子集義精要》有以下引文：

> 問：「周制都鄙用助法，八家同井；鄉遂用貢法，十夫有溝。鄉遂所以不為井者何故？曰：「都鄙以四起數，五六家始出一人，故甸出甲士三人，步卒七十二人。鄉遂以五起數，家出一人為兵，以守衛王畿，役次必簡。故周禮惟挽匶則用之，此役之最輕者。近郊之民，王之內地也。共輦之事，職無虛月。近胥之比，無時無之。其受廛為民者，

> 固與畿外之民異也。七尺之征，六十之舍，王非姑息於邇
> 民也。遠郊之民，王之外地也。其溝洫之治，各有司存。
> 野役之起，不及其羨。其受廛為氓者，固與內地之民異也。
> 六尺之征，六十五之舍，王非荼毒於遐民也。園廛二十而
> 一，若輕於近郊也。而草木之毓，夫家之聚，不可以擾，
> 擾則不能以寧居，是故二十而稅一。漆林二十而五，若重
> 於遠郊也，而器用之末作，商賈之資利，不可以為，則必
> 至於忘本，是故二十而五。繫近郊、遠郊勞逸不同。(卷28，
> 頁9)

此乃說解「惟助有公田，由此觀之，雖周亦助也。」觀之《孟子集注》論及夏、商、周三朝之制，僅有「周時，一夫授田百畝，鄉遂用貢法，十夫有稅，都鄙用助法，八家同井」之語，若能參酌上述《孟子集義精要》所載，對理解典制則大有功矣。又如〈離婁下〉首章「舜生於諸馮」：

> 古人符節，多以玉為之，如「牙璋以起軍旅」。《周禮》又
> 有竹符、英蕩符。漢有銅虎符、竹使符。凡符節，右留君
> 所，左以與其人。有故，則君以其右合其左以為信也。《曲
> 禮》曰：「獻田地者，執右契。」右者，取物之券也。如發
> 兵取物徵召，皆以右取之也。(《朱子語類・孟子七・離
> 婁下》)

此段文字出於《朱子語類》中黃卓所載，闡明《孟子集注》所謂「符節，以玉為之」、「有故則左右相合，以為信也」，據

此以觀，不致生疑。又如〈告子下〉八章「魯欲使慎子為將軍」：

> 王制與孟子同，而《周禮》「諸公之地，封疆方五百里」。
> 鄭氏以王制為夏商制，謂夏商中國方三千里，周公斥而大
> 之，中國方七千里，所以不同。鄭氏不曉事情，且如百里
> 之國，周人欲增到五百里，須併四國，其所併四國，又當
> 別裂地以封之。如此，則天下諸侯東遷西移，改立宗廟社
> 稷，皆為之騷動矣。且如此趨去，不數大國，便無地可容
> 矣！許多國何以處之？恐不其然。竊意其初只方百里，後
> 來併吞遂漸漸大。武王時，諸國地已大，武王亦不奈何，
> 只得就而封之。非當時滅國者五十，則周公太公亦無封處。
> 若割取諸侯之地，寧不有變乎？然則孟子百里之說，亦大
> 綱說耳，古制蓋不得而考也。（《朱子語類‧孟子九‧告
> 子下》）

上述文字說明孟子百里之說，只是大綱如此說，並非實考得見
古制，出於《朱子語類》中陳淳所載，進一步闡釋《孟子集注》
言「魯地之大，皆并吞小國而得之，有王者作，則必在所損矣！」
由定制的關係討論古者治國，土地亦廣，故毋須戰爭殺人，也
呼應孟子認為王道在於行仁政，而非戰功彪炳的說法，因此，
「地非不足，而儉於百里」。

三、補充引而不發之語

誠如《經義考》引陳普 (1244-1315) 之言：「文公《四書》

大意精義，發明抉剔，似無餘蘊，今細詳之，則其引而不發，留待後人者尚多。」[84]朱子《孟子集注》辭約義廣，也因此有發揮的空間。如〈公孫丑上〉六章「人皆有不忍人之心」，《孟子集注》的說解為「惻，傷之切也；隱，痛之深也。此即所謂不忍人之心也。」此處指出惻隱乃傷痛之深切，即為不忍人之心，然而，卻未進一步展開。《孟子集義精要》首列《四書或問》卷 28 之語：

> 或謂：孟子專論不忍人之心，而後乃及乎四端，何也？
> 曰：不忍之心，即惻隱之謂也。蓋性之為德，無所不具，總之則惟仁、義、禮、智，而一以包三者，仁也。情之所發，無所不通，總之則惟是四端，而一以貫三者，惻隱也。（卷 27，頁 12）

其下則注有小字：「謝顯道[85]身汗面赤，實羞惡之發也，而程子以為惻隱之心，是亦其貫四端之一驗也。惻隱，初動時也，如羞惡之類，亦必先動而後能然。」謝良佐記問甚博，程顥謂之「賢卻記得許多」，言其人玩物喪志，[86]於是，謝良佐不覺身汗面赤，對此情況，程顥指點惻隱之心，也可見對道德心志萌露的指撥；另外，小字部分並無作者標識，雖然無法斷定是否為

---

84 〔清〕朱彝尊：《經義考》(臺北：中華書局，1979 年)，〈四書一〉，卷 252，頁 1。
85 謝良佐(1050-1103)，字顯道，壽春上蔡人，學者稱上蔡先生。元豐八年進士，程顥知扶溝事，往事之，著有《論語說》十卷。
86 相關資料見《二程外書》，卷 12，頁 12。此外，顏元：《存學編》卷 2 亦討論此段文字，並指「大程學教猶不靠定書本」，讚賞程顥，並直指其人做法不同於程頤、朱子埋首書堆。

劉因有意闡發，但仍不可抹煞其人補充之功，類似說法亦見於
《朱子語類》：

> 問：「惻隱之心，如何包得四端？」曰：「惻隱便是初動
> 時，羞惡、是非、恭敬，亦須是這箇先動一動了，方會怎
> 地只於動處便見。(《朱子語類・孟子三・公孫丑上》)

以此觀之，《孟子集義精要》匯聚於《孟子集注》某一論題下，
並能補充未備之處，有發明之功，以便更加全面了解朱子之說。
又以《孟子・公孫丑上》之三章「以力假仁者霸」為例，《孟
子集義精要》引諸門人所記，王霸之辨[87]更為清晰：

> 「以德行仁者王」，所謂德者，非止謂有救民於水火之誠
> 心，此「德」字又說得闊，是自己身上事都做得來，是無
> 一不備了，所以行出去便是仁，如成湯「不邇聲色，不殖
> 貨利，克寬克仁，彰信兆民」，是先有前面底，方能「彰
> 信兆民」，救民於水火之中。武王「亶聰明，作元後」，
> 是亶聰明，方能作元後，「救民於水火之中」。(燾) 以力
> 假仁，仁與力是兩個，以德行仁，德便是仁。(夔孫)霸必有
> 大國，須有如是資力，方可以服人。(偰) (卷 27，頁 10)

此處列舉朱子門人呂燾、林夔孫、沈偰所載之言，以成湯、武
王為例，而可以較完整理解朱注「假仁者，本無是心，而借其

---

[87] 關於孟子所謂「王霸之辨」，可參考李明輝：〈孟子王霸之辨重探〉，收於
氏著：《孟子重探》(臺北：聯經出版社，2001 年)。

事以為功者也」之意，表明王霸皆能服人，但一以德，一以力，前者為行仁，後者為假仁，以德服人方能讓天下人心悅誠服。又如《孟子‧公孫丑下》之二章「孟子將朝王」中，記載孟子原準備朝見齊王，齊王卻說有寒疾，不可吹風，並反過來要求孟子隔日再朝見，孟子則亦以疾辭。關於此段文字，朱熹的《孟子集注》中並未多所說明，但《孟子集義精要》則舉《朱子語類》沈僩所錄，揭示孟子用意：

> 孟子之時，時君重士，為士者不得不自重，故必待人均致敬盡禮而後見，自是當時做得簡規模如此定了，如《史記》中列國之君擁篲先驅之類，卻非當時輕士，而孟子有意於矯世以自高也。(僩)（卷 28，頁 2）

司馬遷的《史記‧孟子荀卿列傳》謂：「昭王擁篲先驅，請列弟子之座而受業。」表現出為賓客引路，極為尊賢，至於孟子所處的戰國時期，處士橫議，列國之君並不輕視士人，但是孟子希望可以矯正需待君王致敬盡禮才得以朝見的風氣，且矯正國君自尊之意。透過這段說明，方能了解孟子用心所在，若是單從《孟子集注》中則無法獲得這些認識。至於在《孟子‧滕文公上》之首章「滕文公為世子」中，記載滕文公還是太子時，拜訪孟子，「孟子道性善，言必稱堯舜」，《孟子集注》有謂：「性者，人所稟於天以生之理也，渾然至善，未嘗有惡」，並引程子「性即理也」的說法，然而，集注中並未將程子對人性的看法聯繫至孟子原文，若能參考《孟子集義精要》則能有進一步的理解：

> 以理言之，稱堯舜者，質其事以實之，所以互相發也。其
> 言蓋曰知性善，則有以知聖人之必可為矣！知聖人知可
> 為，則其於性善也，信之益篤，而守之益固矣！……董子
> 所謂明於天性，知自貴於物，然後能知仁義，知仁義然後
> 重禮節，重禮節然後安處善，安處善然後樂循理；程子所
> 謂知性善以忠信為本，此先立其大者，皆謂此也。（卷 28，
> 頁 3-4）

此處引《四書或問》內容，收錄董仲舒策說中對人性的看法。董仲舒論性本諸孔子，強調要從「明天性」至「樂循理」，方能天人感通，得其善報。《孟子集義精要》另有言曰：

> 荀、楊、韓氏或以為惡，或以為混，或以為有三品，最後
> 釋者出，然後復有無善無惡之論焉。儒者雖習聞乎孟子之
> 說，然未知性之所以為性，於是悅於彼說之高，而反羞吾
> 說為不及，則牽孟子之說以附焉。（卷 28，頁 4）

從孟子的性善，到荀子性惡、楊雄性善惡混、韓愈的性三品說，到最後釋者一出，則無善惡之論。藉由《孟子集義精要》的補充，相關的人性觀論點更為清楚，也可對孟子道性善、言堯舜有更為深刻的認識。

四、刪削浮辭標舉要領

《孟子集義精要》雖引《四書或問》內容，但卻有所刪節，

如〈梁惠王上〉首章於「故《史記》以為梁惠王卑禮厚幣以招賢者，而孟子至梁得其事之實矣！曰仁義之說奈何？」之後刪去「程子至矣！而予於《論語》之首篇論之亦詳矣！」一段，討論屬於旁出易被刪節。另則，內容收錄既多，冗雜時見，刪節也就在情理之中。又如〈盡心下〉三十五章「養心莫善於寡欲」：

> 「其為人也寡欲」，則人欲分數少，故「雖有不存焉寡矣」。不存焉者寡，則天理分數多也，多欲反是。（卷 33，頁 17）

上述引文取自《朱子語類》程端蒙所載，然刪去「『其為人也多欲』，則人欲分數多，故『雖有存焉寡矣』。存焉者寡，則是天理分數少也」一段，而以「多欲反是」代之，更顯簡潔。此外，又如《孟子集義精要》〈梁惠王下〉十五章討論「經權」問題：

> 潘恭叔說：「遷國以圖存者，權也；效死勿去者，義也」；「義」字當改作「經」。思之誠是。蓋義便近權，如或可如此，或可如彼，皆義也；經則一定而不易。既對「權」字，須著用「經」字。（卷 26，頁 12）

上述文字引《朱子語類》卷七十六「易十二」沈僴所載之語，原為解釋沈僴所問「巽稱而隱」之「隱」字，「隱，不見也。如風之動物，無物不入，但見其動而不見其形。權之用，亦猶是也。」除了刪削浮辭外，另有直接標舉該章要領，如〈離婁

下〉二十章「禹惡旨酒而好善言」：

> 讀此一章使人心惕然而常存也。道夫。（卷 30，頁 9）

又如同篇二十八章「君子所以異於人者」：

> 此章存心與存其心養其性之存心不同，只是處心。節。（卷
> 30，頁 12）

如此，能更有效理解與把握朱子思想，而不致在重要概念一晃
而過。如《孟子集義精要》說解〈梁惠王〉時，於〈梁惠王上〉
二章與〈梁惠王下〉五章均附以《朱子語類》中閎祖所載之言。
然而，檢覈《朱子語類》〈梁惠王上〉二章乃引文蔚所載，《朱
子語類》〈梁惠王下〉五章則引賀孫所載，兩章均未出現閎祖
所載之言，那麼，《孟子集義精要》為何會做此選錄呢？今迻
錄兩書文字比較如下：

> 德修說「王立於沼上」一章，引「齊宣王見孟子於雪宮」
> 事，云：「梁惠王其辭遜，齊宣王其辭誇。」先生曰：「此
> 說好。」又說：「寡人願安承教」一章，有「和氣致祥，
> 乖氣致異」之說。曰：「恐孟子之意未到此。」文蔚（《朱
> 子語類‧孟子一‧梁惠王上》）

> 王德修解「梁惠王沼上，齊宣王雪宮」，謂「梁之辭遜，

齊之辭誇」，分得好。閎祖(卷26，頁3)

朱熹於《孟子集注》中對此章說解著重於音讀，並未談及梁惠王沼上與齊宣王雪宮的比較，而從《孟子集義精要》所引閎祖所載之語看來，確實較《朱子語類》文蔚所載更為簡潔明瞭，且對旁枝末節亦能略去不談，使閱讀更為方便。又如在《孟子‧梁惠王下》五章「人皆謂我毀明堂」中，朱熹《孟子集注》有言：

> 愚謂此篇自首章至此，大意皆同。蓋鐘鼓、苑囿、遊觀之樂，與夫好勇、好貨、好色之心，皆天理之所有，而人情之所不能無者。然天理人欲，同行異情。循理而公於天下者，聖賢之所以盡其性也；縱欲而私於一己者，眾人之所以滅其天也。二者之間，不能以髮，而其是非得失之歸，相去遠矣。故孟子因時君之問，而剖析於幾微之際，皆所以遏人欲而存天理。其法似疏而實密，其事似易而實難。學者以身體之，則有以識其非曲學阿世之言，而知所以克己復禮之端矣。(《孟子‧梁惠王下》)

此段闡釋孟子言公劉之民富足乃是因為公劉有推己及人之心，並點出循理與縱欲之差別，《朱子語類》該章亦有詳細說解：

> 問：「孟子以公劉太王之事告其君，恐亦是委曲誘掖之意。」曰：「這兩事卻不是告以好色、好貨，乃是告以公

劉太王之事如此。兩事看來卻似易，待去做時，多少難！
大凡文字須將心體認看。這箇子細看來，甚是難。如孟子
又說：『子服堯之服，誦堯之言，行堯之行，是堯而已矣。』
看來也是易，這如何便得相似！又如說：『徐行後長者謂
之弟，疾行先長者謂之不弟。堯舜之道，孝弟而已矣。』
看來也似易。」賀孫（《朱子語類·孟子一·梁惠王下》）

相較於《孟子集注》與《朱子語類》之詳，劉因《孟子集義精
要》擇取重點，點出天理人欲的關鍵：

> 五峯「天理人欲，同行異情」之說好。閎祖（卷 26，
> 頁 9）

如此觀之，《孟子集義精要》一書於薈萃之餘仍能加以甄別，
凸顯重點，更顯綱舉目張。又如《孟子集義精要》〈盡心上〉
融合《朱子語類》中的吳雉及陳文蔚所載之語，減省篇幅，以
求語句流暢，使之通達連貫：

> 「者字，不可不子細看。人能盡其心者，只為知其性。」
> 此句文勢與「得其民者得心也」相似。

其中，陳文蔚所載之言為：

> 「盡其心者，知其性也。」「者」字不可不子細看。人能
> 盡其心者，只為知其性，知性卻在先。（《朱子語類·孟子

十‧盡心上》）

吳雉所載之語為：

> 李問「盡其心者，知其性也」。曰：「此句文勢與『得其
> 民者，得其心也』相似。」雉。（《朱子語類‧孟子十‧盡
> 心上》）

凡此皆可看出《孟子集義精要》既有增補朱子其他著述所呈現
的四書說，亦附以朱子門人記載朱子之言，由徵引情形的討論
可看一書之補充方向。而且，徵引之間，非全然照錄，而有所
刪節，爬羅剔抉，得其義理之要，亦見其斟酌。

五、別白諸家矛盾之處

孟子述伯夷、柳下惠之為人，批評隘與不恭[88]，對此，《孟
子集注》云：「夷、惠之行，固皆造乎至極之地，然既有所偏，
則不能無弊，故不可由也。」然而，除了朱熹說法外，未見他
人說法。若觀《孟子集義精要》，諸家說法得以開展：

> 或問：「卒章程、張諸說皆以為隘與不恭非夷惠之過，乃
> 其流之弊耳。子之說不然，何也？」曰：「諸先生之意則

---

88 另，《孟子‧公孫丑上》有言：「伯夷隘，柳下惠不恭，隘與不恭，君子不
由也。」劉因曾有詩作〈和詠貧士〉提及柳下惠與伯夷二人：「伯夷視四海，
願人皆我儔。吾謂下惠隘，此說君試求。」見於《靜修先生集》卷 12，頁
249。

厚矣！然以孟子之言考之，則恐其意未必果然也。」（卷 27，頁 20）

朱熹雖尊崇張載與二程，但在此文義說解上則直陳己意。張載曾謂：「勉而清，非聖人之清；勉而和，非聖人之和。所謂聖者，不勉不思而至焉者也。」[89]又，此段引文後列有《朱子語類》的兩段文字：

> 伯夷自有隘處，柳下惠自有不恭處，且如雖袒裼裸裎於我側，分明是玩世，不將人做人看。去偽。

> 不隱賢謂不隱蔽其賢。如當廉卻以利自汙，己當勇卻以怯自處之類，是枉道也。與下文必以其道兩句相承，只作一意讀，文勢然也。人傑。（卷 27，頁 21）

伯夷懼人污己，故顯狹隘；柳下惠放浪形骸，故為不恭。兩人雖為聖之清與聖之和者，卻枉道而行。據此以觀，則朱子之說益顯清晰，不同於張、程說法也因而可見，同時也可獲得對此章文義較為深刻的理解，故錢穆稱「朱子之為功於孔孟，即此可見」[90]。又如〈離婁下〉十五章「博學而詳說之」：

> 或問：「謝氏曰：『由博以知約，猶知四方而識中央也』，何也？」曰：「謝氏之意，蓋曰不極乎四旁之所至，則不

89　張載：《張子正蒙》卷4〈大心〉，頁68。
90　錢穆：《宋代理學三書隨箚・公孫丑篇》。

> 足以識中央之所在，故必由四旁而識中央；如因博以求約
> 也，此其意亦善矣！然四旁、中央，終成兩處，不若以通
> 貫言之之為密也。」（卷 30，頁 6）

由此可知，朱熹認為謝良佐將因博以求約喻為知四方而識中
央，其意雖善，卻將二者分割而未通貫。但此通貫也非楊雄所
言「約者乃博中之一物」，實則「博未嘗出於約，約亦未嘗遺
其博」（卷 30，頁 6），而是有如下闡微：

> 所謂博約，由孟子之言則博者所以極夫理之散殊，約則舉
> 是散殊之理而一貫之耳！是以既博學之，又詳說之，而卒
> 會於約。蓋所謂博且詳者，固未嘗出於約之外，而所謂約，
> 於其博且詳者，又未嘗有所遺也。（卷 30，頁 7）

兩相對照下，二人說法之異顯而易見。此章文末尚引《朱子語
類》沈僩所載：「程子說積累多後，自然脫然有貫通處，積累
便是博，貫通處便是約。」（卷 30，頁 7）綜上可看出朱子援據
諸家說法後，分析精闢，而收會通之效。朱鴻林稱劉因《四書
集義精要》「因能對諸家所說的自相矛盾之處，並加刊削和別
白，成就尤其突出。」[91]其理甚確。

91　朱鴻林：〈丘濬的《朱子學的》與宋元明初朱子學的相關問題〉，收於《中
　　國近世儒學實質的思辨與習學》(北京：北京大學出版社，2005 年)，頁 137。

第五節 結 論

本章嘗試在經學與理學的視域中，檢覈劉因《孟子集義精要》一書如何薈萃甄別朱子之說，對於朱學流傳北方以及四書註解的開展，尤其是以朱證朱[92]方式的確立，提供可以檢視的依據。可以獲致的結論如下：

首先，朱熹《孟子集注》字字斟酌，得未前有，意見的轉折也可見其人用力之勤。劉因《孟子集義精要》凡采《朱子文集》、《朱子語類》、《四書或問》，以朱子之言證成朱子之注，故純正客觀，使之不惑於多歧。誠如李瑞徵肯定之言：

> 靜修學貫天人，理邃河洛，為一代巨儒。羽翼經傳，尤在《四書精要》一書。[93]

不但凸顯朱子尊程用意、說解典制會通諸說、補充引而未發之語、刪削浮辭標舉要領，亦能別白諸家矛盾之處，以明朱子取捨與歸趣。凡此，對研究朱子有關孟子的見解，不僅具有輔助

92　「以朱證朱」的方式亦見於黃榦《論語通釋》。但是此書僅限於《論語》，未全面於《四書》，且今已不傳。詳參黃榦門人陳淴〈論語通釋題敘〉：「先生合文公《集注》、《集義》、《或問》三書而通釋之。蓋《集注》之辭簡而嚴，學者未能遽曉，於是作《或問》一書，設為問答，以盡其詳，且明去取諸家之意。先生恐學者不暇旁究，故直取疏解《集注》之辭而列之於後，以便觀覽。」《復齋先生龍圖陳公文集・拾遺》，收入《續修四庫全書》(上海：上海古籍出版社，2002 年)，頁 570。

93　〔清〕張斐然輯：《三賢文集》，清道光十六年刻本，序言。

的作用，還能對某些問題有較完整的認識。

再者，全祖望於《宋元學案》案語云：「靜修先生亦出江漢之傳，又別為一派」，黃百家案語云：「有元之學者，魯齋、靜修、草廬三人耳。草廬後，至魯齋、靜修，蓋元之所藉以立國者也。」劉蕺山亦言：「靜修頗近乎康節。」劉因於元代學行俱佳，且具理學造詣，足為代表。就經學成果而言，劉因表現出異於同為北方儒者的許衡。《孟子集義精要》一書去取分明，而非一味尊朱，朱熹之後，元代四書學發展勃興，靜修之功據此以見。[94]

最後，目前對劉因《孟子集義精要》研究較少，以往對該書研究多為二十八卷殘本，而臺北故宮所藏為罕見的完整版本，尚未被學界大量使用。該書為官府出資予以刊印，書版寬大，且其可貴之處，不僅是刊雕精緻，後世未見翻刻、少見流傳，使它更有價值。藉由本章之研究，當使此一善本更受學術界重視。

---

94 廖雲仙：「元代朱子《四書集注》後來可以大興，靜修之功誠不遑多讓」出自氏著：《元代論語學考述》(臺北：新文豐出版社，民 94 年)，頁 347。

參考書目

傳統文獻

〔唐〕韓愈：《韓昌黎集》，臺北：臺灣商務印書館，1965。

〔宋〕李侗：《李延平先生文集》，臺北，藝文印書館，百部叢書集成正誼堂全書本，1968。

〔宋〕周敦頤：《周敦頤集》，北京，中華書局，1990。

〔宋〕邵雍：《擊壤全書》，臺北，廣文書局，1972。

〔宋〕張載：《張載集》，北京，中華書局，1978。

〔宋〕程顥、程頤：《二程集》，宋四部刊要・子部・儒家類，臺北，漢京出版社，1983。

〔宋〕朱熹：《四書章句集註》，臺北：鵝湖出版社，2014。

〔宋〕朱熹：《朱子文集》，臺北：藝文印書館，1967。

〔宋〕朱熹：《晦庵集》，影印文淵閣四庫全書本，臺北，臺灣商務印書館，1983。

〔宋〕朱熹：《朱子大全》(正集一百卷續集十一卷別集十卷)，四部備要本。

〔宋〕朱熹：《伊洛淵源錄》，臺北，文海出版社，1968。

〔宋〕朱熹：《近思錄》，影印文淵閣四庫全書本，臺北，臺灣商務印書館，1983。

〔宋〕張栻：《南軒集》，臺北，廣學社，1975。

〔宋〕黃榦：《黃勉齋先生文集》，臺北，藝文印書館，1967。

〔宋〕陳淳：《北溪大全集》，影印文淵閣四庫全書本，臺北，臺灣商務印書館，1983。

〔宋〕陳淳：《北溪字義》，熊國禎、高流水點校，北京，中華書局，1983。

〔宋〕黎靖德編、王星賢點校：《朱子語類》，北京，中華書局，1999。

〔宋〕黃震：《黃氏日抄》，影印文淵閣四庫全書，臺北，臺灣商務印書館，1986。

〔宋〕陸九淵：《陸九淵集》，臺北，里仁出版社，1981。

〔宋〕真德秀：《真文忠公文集》，影印清刻本，臺北，文友出版社，1968。

〔宋〕魏了翁：《鶴山集》，影印文淵閣四庫全書臺北，臺灣商務印書館，1983。

〔宋〕劉熽：《雲莊集》，四庫全書珍本，臺北，臺灣商務印書館，1971。

〔宋〕熊節：《性理群書句解》，四庫全書珍本，臺北，臺灣商務印書館，1973。

〔宋〕石介：《徂徠集》，四庫全書珍本，臺北，臺灣商務印書館，1973。

〔宋〕孫復：《孫明復小集》，臺北：臺灣商務印書館，1978。

〔元〕蘇天爵：《滋溪文稿》，北京：中華書局，2007。

〔元〕劉因：《四書集義精要》(三十六卷)，臺北：國立故宮博物院，1978。

〔元〕劉因：《四書集義精要》(二十八卷)，《四庫全書》文

淵閣影本。

〔元〕脫脫：《宋史》，清乾隆武英殿刊本影印，臺北，藝文
　　　印書館。

〔元〕吳澄：《吳文正公集》，臺北，新文豐出版社，1985。

〔元〕陳櫟：《定宇集》，四庫全書珍本，臺北，臺灣商務印
　　　書館印行，1971。

〔明〕宋端儀：《考亭淵源錄》，日本東京都，中文出版社，
　　　1977。

〔明〕戴銑：《朱子實紀》，日本東京都，中文出版社，1985。

〔明〕呂柟：《周子抄釋》，影印文淵閣四庫全書，臺北，臺
　　　灣商務印書館，1983。

〔明〕李夢陽：《空同子集》，影印文淵閣四庫全書，臺北，
　　　臺灣商務印書館，1983。

〔明〕宋濂：《元史》，臺北：中華書局，1965 年。

〔清〕徐松：《宋會要輯稿》，臺北，新文豐出版社，1976。

〔清〕萬斯同：《儒林宗派》，四庫全書珍本九集，臺北，臺
　　　灣商務印書館，1979。

〔清〕李清馥：《閩中理學淵源考》，臺北，臺灣商務印書館，
　　　1983。

〔清〕張伯行：《道南源委》，清康熙四十八年正誼堂刻本，
　　　四庫全書存目叢書，台南，莊嚴文化事業有限公司，
　　　1996。

〔清〕黃宗羲：《宋元學案》，北京，中華書局，1986。

〔清〕孫奇逢：《理學宗傳》，濟南，山東友誼書社，1989。

〔清〕皮錫瑞：《經學歷史》，北京，中華書局，1959。

〔清〕楊守敬：《留真譜初編》，臺北，廣文書局，1972。

〔清〕王夫之：《讀四書大全說》，臺北，河洛圖書出版社，1974。

〔清〕王懋竑：《朱子年譜》，臺北，臺灣商務印書館，1965。

〔清〕江永：《近思錄集注》，臺北，中華書局，1968。

〔清〕朱彝尊：《經義考》，臺北：中華書局，1979。

現代專著

朱子學

《朱子の哲學》，〔日〕後藤俊瑞，東京，聖山閣，1926。

《朱子學派》，謝無量，上海，中華出版社，1932。

《朱子の實踐哲學・哲學篇》，〔日〕後藤俊瑞，東京，目黑書店，1937。

《朱子の倫理思想－續朱子の實踐哲學》，〔日〕後藤俊瑞，西宮，後藤俊瑞博士遺稿刊行會，1964。

《朱子及其哲學》，范壽康，臺北，開明書局，1964。

《朱子新學案》，錢穆，臺北，三民書局，1971。

《朱熹哲學》，黎建球，臺北，知音出版社，1974。

《朱子哲學思想的發展與完成》，劉述先，臺北，臺灣學生書局，1981。

《朱學論集》，陳榮捷，臺北，臺灣學生書局，1981。

《朱子門人》，陳榮捷，臺北，臺灣學生書局，1982。

《朱學論叢》，龔道運，臺北，文史哲出版社，1982。

《福建朱子學》，陳其芳、高令印，福州，福建人民出版社，

1986。

《朱熹思想研究》，張立文，臺北，谷風出版社，1986。

《朱子新探索》，陳榮捷，臺北，臺灣學生書局，1988。

《朱子學研究》，鄒永賢，福建，廈門大學出版，1989。

《朱子書信編年考證》，陳來，上海，上海人民出版社，1989。

《朱熹哲學研究》，陳來，臺北，文津出版社，1990。

《朱子學的思惟：中國思想史における伝統と革新》，〔日〕
　　有田和夫、大島晃，東京，汲古書院，1990。

《朱子大傳》，束景南，福建，福建教育出版社，1992。

《朱子學研究書目 1900-1991》，林慶彰，臺北，文津出版社，
　　1992。

《朱熹的歷史世界：宋代士大夫政治文化的研究》，余英時，
　　臺北，允晨出版社，1993。

《國際朱子學會議論文集》上下冊，鍾彩鈞，臺北，中研院文
　　史哲出版，1993。

《朱子哲學思想的發展與完成》，增訂三版，劉述先，臺北，
　　臺灣學生書局，1995。

《朱子學の基本用語－北溪字義譯解》，〔日〕佐藤仁，東京，
　　研文出版社，1996。

《朱熹評傳》，張立文，南京，南京大學出版社，1998。

《朱熹哲學思想》，金春峰，臺北，東大圖書書公司，1998。

《朱子理學美學》，潘立勇，北京，東方出版社，1999。

《程朱思想新論》，楊曉塘，北京，人民出版社，1999。

《朱子家禮與韓國之禮學》，〔韓〕盧仁淑，北京，人民出版
　　社，2000。

《日本的朱子學》，朱謙之，北京，人民出版社，2000。

《朱熹書院與門人考》，方彥壽，上海，華東師範大學，2000。

《朱熹年譜長編》(上)(下)，束景南，上海，華東師範大學，2001。

《朱熹哲學論叢》，曾春海，臺北，文津出版社，2001。

《朱子學的開展：學術篇》，鍾彩鈞，臺北，漢學研究中心，
　　2002。

《朱子學的開展：東亞篇》，楊儒賓編，臺北，漢學研究中心，
　　2002。

《朱陸之辯—朱熹陸九淵哲學比較研究》，彭永捷，北京，人
　　民出版社，2002。

《全體大用之學：朱子學論文集》，朱榮貴，臺北：臺灣學生
　　書局，2002。

《朱熹的歷史世界—宋代士大夫政治文化的研究》，余英時，
　　臺北，允晨文化公司，2003。

《朱熹及其門人的教化理念與實踐》，孟淑慧，臺北，國立臺
　　灣大學文學院出版，2003。

《朱熹的終極關懷》，趙峰，上海，華東師範大學，2004。

《詮釋與建構—陳淳與朱子學》，張加才，北京，人民出版社，
　　2004。

《朱子全書與朱子學—2003 國際學術討論論文集》，朱傑人、
　　嚴文儒主編，上海，華東師範大學，2005。

《朱熹與四書章句集注》，陳逢源，臺北，里仁書局，2006。

《在現實真實與價值真實之間的朱熹思想研究》，王健，上海，
　　華東師範大學，2007。

《新視野，新詮釋－朱熹思想與現代社會》，蔡方鹿、舒大剛、

郭齊編，成都，四川大學出版社，2007。

《承洛啟閩—道南學派思想研究》，劉京菊，北京，人民出版社，2007。

《朱子學通論》，高令印、高秀華，廈門，廈門大學出版社，2007。

《朱熹與江西理學》，吳長庚，江西：江西高校出版社，2007。。

《朱熹學術考論》，董金裕，臺北，里仁書局，2008。

《朱熹與經典詮釋》，林維杰，臺北，國立臺灣大學出版中心，2008。

《北宋中期儒學道論類型研究》，林素芬，臺北，里仁書局，2008。

《朱子與閩學》，傅小凡，湖南，嶽麓書社，2010。

《異曲同調－朱子學與朝鮮性理學》，林月惠，臺北，國立臺灣大學出版中心，2010。

《外國人眼中的中國人：朱熹》，〔英〕卜道成著，張曉霞、張洪譯，北京，東方出版社，2014。

《朱熹年譜長編》(上下增訂版)，束景南，上海，華東師範大學出版社，2014。

《朱子學與地域文化研究》，徐公喜主編，江西，江西人民出版社，2014。

《陳淳研究》，李蕙如，福州，海峽文藝出版社，2014。

《許衡對朱子學的傳承與發展》，李蕙如，新北，花木蘭文化出版社，2014。

《朱子學在海外的傳播》，程利田，福州，海峽文藝出版社，2016。

《朱熹及其後學的歷史學考察》，陳支平，北京，商務印書館，
　　2016。

《源頭活水：理學與朱子四書章句集注研究》，蔡家和，福建，
　　福建教育出版社，2018。

《陳淳評傳》，曾振宇等，北京，人民出版社，2018。

宋明理學

《宋明理學綱要》，蔣維喬、楊大膺，北京，中華書局，1936。

《宋學概要》，夏君虞，上海，商務印書館，1937。

《宋代儒學の倫理學研究》，山本命，東京：理想社，1974。

《兩宋思想述評》，陳鐘凡，臺北，華世書局，1977。

《宋明理學研究論集》，馮炳奎，臺北，黎明文化事業公司，
　　1983。

《宋明理學》(南宋篇)，蔡仁厚，臺北，臺灣學生書局，1983。

《宋明理學史》，侯外廬等編，北京，人民出版社，1987。

《理學範疇系統》，蒙培元，北京，人民出版社，1989。

《宋代經學之研究》，汪惠敏，臺北，師大書苑，1989。

《宋明理學之概念與歷史》，陳榮捷，臺北，中央研究院中國
　　文哲研究所，1990。

《宋明理學》，陳來，瀋陽，遼寧教育出版社，1991。

《宋代書院與宋代學術之關係》，吳萬居，臺北，文史哲出版
　　社，1991。

《中國宋代哲學》，石訓、朱保書，鄭州，河南人民出版社，
　　1992。

《理學與元代社會》，徐遠和，北京，人民出版社，1992。

《宋代學校教育與科舉》，李弘祺，臺北，聯經出版公司，1995。

《宋明理學邏輯結構的演化》，張立文，臺北，萬卷樓圖書有
　　限公司，1993。

《新理學》，馮友蘭，上海，上海書店，1996。

《中國宋學與東方文明》，李保林、楊翰卿、孫玉杰編，開封，
　　河南大學出版社，1997。

《陸王心學研究》，劉宗賢，濟南，山東人民出版社，1997。

《宋儒風采》，王瑞明，長沙，嶽麓書社，1997。

《宋元之際的哲學與文學》，羅立剛，上海，復旦大學出版社，
　　1999。

《宋儒微言》，盧國龍，北京，華夏出版社，2001。

《宋明理學研究》，張立文，北京，中國人民大學出版社，2002。

《宋學的發展和演變》，漆俠，石家莊，河北人民出版社，2002。

《中國轉向內在：兩宋之際的文化內向》，劉子健著、趙冬梅
　　譯，南京，江蘇人民出版社，2002。

《宋明儒學的問題與發展》，牟宗三，上海，華東師範大學，
　　2004。

《宋明理學與政治文化》，余英時，臺北，允晨文化實業公司，
　　2004。

《南宋儒學建構》，何俊，上海，上海人民出版社，2004。

《宋明理學家年譜》，于浩，北京，北京圖書館，2005。

《宋明理學與政治文化》，沈志佳，桂林，廣西師範大學出版
　　社，2006。

《理氣性心之間：宋明理學的分系與四系》，向世陵，長沙，
　　湖南出版社，2006。

《閩南理學的源流與發展》，傅小凡，福州，福建人民出版社，
　　2007。

《詮釋與工夫：宋明理學的超越蘄嚮與內在辯證》，林月惠，
　　臺北，中央研究院中國文哲研究所，2008。

《宋儒境界論》，付長珍，上海，上海三聯書店，2008。

《中國經學與宋明理學研究》，蔡方鹿，北京：人民出版社，
　　2011。

《中國儒學史》(宋元卷)，陳來等著，湯一介、李中華主編，
　　北京：中華書局，2011。

《理性的高揚：理學的形成、發展與式微》，劉玉敏，河南，
　　中州古籍出版社，2014。

《宋明時期江西儒學研究》，鄭曉江、楊柱才，北京，中國社
　　會科學出版社，2014。

《聖境：宋明理學的當代意義》，〔美〕安靖如著、吳萬偉譯，
　　北京，中國社會科學出版社，2017。

《宋明理學十九講》，楊立華，香港，香港中和出版有限公司，2017。

思想(哲學)史及其他

《中國哲學史通論》，范壽康，上海，開明書局，1946。

《中國思想通史》，侯外廬，北京，人民出版社，1957。

《心體與性體》，牟宗三，臺北，正中書局，1969。

《中國哲學的特質》，牟宗三，臺北，臺灣學生書局，1974。

《中國理學史》，賈豐臻，臺北，臺灣商務印書館，1974。

《中國思想與制度論集》，段昌國、劉紉尼、張友堂譯，臺北，
　　聯經出版社，1976。

《理學綱要》，呂思勉，臺北，華世書局，1977。

《元代的四書學》，黃孝光，臺北，西南書局，1978。

《中國哲學史》(宋代篇)，羅光，臺北，臺灣學生書局，1980。

《中國哲學史》，勞思光，臺北，三民書局，1981。

《中國思想史論集》，徐復觀，臺北，臺灣學生書局，1981。

《儒學傳統與文化創新》，黃俊傑，臺北，東大圖書公司，1983。

《中國的自由傳統》，狄百瑞(培理)撰，李弘祺譯，臺北，聯經出版事業公司，1983。

《中國哲學原論》(原性篇)，唐君毅，臺北，臺灣學生書局，1984。

《中國經學史》，馬宗霍，上海，上海書店，1984。

《中國文化地理》，陳正祥，臺北，木鐸出版社，1985。

《中國近三百年學術史》，錢穆，北京，中華書局，1986。

《經學歷史》，皮錫瑞，臺北，藝文印書館，1987。

《中國人性論史》，徐復觀，臺北，臺灣商務印書館，1987。

《中國古典哲學概念範疇要論》，張岱年，北京，中國社會科學出版社，1987。

《中國哲學範疇史》，葛榮晉，哈爾濱，黑龍江人民出版社，1987。

《中國思想傳統的現代詮釋》，余英時，臺北，聯經出版社，1987。

《中國哲學史大綱》，蔡仁厚，臺北，臺灣學生書局，1988。

《史學與傳統》，余英時，臺北，時報文化公司，1988。

《中庸形上思想》，高柏園，臺北，東大圖書出版社，1988。

《儒學第三期發展的前景問題：大陸講學、問難和討論》，杜

維明，臺北，聯經出版社，1989。

《張載哲學及其關學學派》，陳俊民，臺北，臺灣學生書局，
　　1990。

《中國傳統哲學》，周桂鈿，北京，北京師範大學出版社，1990。

《中國古代哲學問題發展史》，方立天，北京，中華書局，1990。

《理學的演變：從朱熹到王夫之戴震》，蒙培元，臺北，文津
　　出版社，1990。

《中國心性論》，蒙培元，臺北，臺灣學生書局，1990。

《陸象山弟子研究》，徐紀芳，臺北，文津出版社，1990。

《張栻與湖湘學派研究》，陳谷嘉，長沙，湖南教育出版社，
　　1991。

《當代新儒學論文集—內聖篇》，周群振編，臺北，文津出版
　　社，1991。

《中華的智慧—中國古代哲學思想精粹》，張岱年編、程宜山、
　　劉笑敢、陳來撰，臺北，貫雅文化事業有限公司，1991。

《中國儒學思想史》，張豈之，臺北，水牛出版社，1992。

《儒家的淑世哲學—治道與治術》，曾春海，臺北，文津出版
　　社，1992。

《中國哲學史》，馮友蘭，臺北，臺灣商務印書館，1993。

《中國歷代思想史·宋元卷》，姜國柱，臺北，文津出版社，
　　1993。

《閩學源流》，劉樹勛，福建，福建教育出版社，1993。

《中國儒學史》，趙吉惠，鄭州，中州古籍出版社，1993。

《中國傳統哲學思維方式》，蒙培元，杭州，浙江人民出版社，
　　1993。

《中國古代哲學的邏輯發展》，馮契，上海，上海人民出版社，1993。

《道》，張立文，臺北，漢興書局，1994。

《理》，張立文，臺北，漢興書局，1994。

《氣》，張立文，臺北，漢興書局，1994。

《中國哲學範疇發展史》，張立文，臺北，五南出版社，1996。

《儒家身體觀》，楊儒賓，臺北，中央研究院中國文哲研究所，1996。

《經學史》，〔日〕安井小太郎，臺北：萬卷樓圖書股份有限公司，1996。

《孟子研究》，董洪利，南京，江蘇古籍出版社，1997。

《性》，張立文，臺北，七略出版社，1997。

《中國宋遼金夏思想史》，周湘斌、趙海琦，北京，人民出版社，1994。

《中國實學思想史》上卷，葛榮晉，北京，首都師範大學出版社，1994。

《漢宋學術與現代思想》，陳少明，廣東，廣東人民出版社，1995。

《儒家哲學》，吳汝鈞，臺北，臺灣商務印書館，1995。

《中國儒學》，謝祥皓、劉宗賢，臺北，水牛出版社，1995。

《兩宋財政史》，汪聖鐸，北京，中華書局，1995。

《思想的轉型—理學發生過程研究》，徐洪興，上海，上海人民出版社，1996。

《中國儒家學術思想史》，劉蔚華、趙宗正，濟南，山東教育出版社，1996。

《思文之際論集—儒道思想的現代詮釋》，張亨，臺北，允晨
　　文化出版社，1997。

《中國哲學大綱》，張岱年，北京，中國社會科學出版社，1997。

《中國儒學》，龐樸主編，上海，東方出版中心，1997。

《中國儒學史・宋元卷》，韓鍾文，廣州，廣東教育出版社，
　　1998。

《中國思想史》，韋政通，臺北，水牛出版社，1998。

《中國學術思想史論叢》，錢穆，臺北，聯經出版社，1998。

《從中國文化到現代性：典範轉移》，石元康，臺北，東大圖
　　書股份有限公司，1998。

《中外哲學交流史》，樓宇烈、張西平，湖南，湖南教育出版
　　社，1999。

《中國儒教史》，李申，上海，上海人民出版社，1999。

《做為「方法」的中國》，〔日〕溝口雄三著，林右崇譯，臺
　　北，國立編譯館，1999。

《真理與方法》，〔德〕伽達默爾著、洪漢鼎譯，上海，上海
　　譯文出版社，1999。

《儒家文明》，馬振峰、徐遠和、鄭家棟，北京，中國社會科
　　學院，2000。

《中國的兩位哲學家：二程兄弟的新儒學》，〔英〕葛瑞漢撰，
　　程德祥等譯，鄭州，大象出版社，2000。

《宋代文學通論》，王水照編，高雄，復文圖書出版社，2000。

《轉變與定型：宋代社會文化史學術研討會論文集》，臺灣大
　　學歷史系，臺北，臺大歷史系，2000。

《斯文：唐宋思想的轉型》，〔美〕包弼德（Peter K. Bol）著，

劉寧譯，南京，江蘇人民出版社，2001。

《中國思想史》，葛兆光，上海，復旦大學出版社，2001。

《中國學術史·宋元卷》，朱漢民，江西，江西教育出版社，2001。

《東亞儒學史的新視野》，黃俊傑，臺北，喜馬拉雅研究發展基金會，2001。

《儒家思想在現代東亞：韓國與東南亞篇》，劉述先，臺北，中央研究院中國文哲研究所籌備處，2001。

《中國學術思想史》，鄺士元，臺北，里仁書局，2001。

《中國經學史》，吳雁南、秦學頎、李禹階，福州，福建人民出版社，2001。

《中國哲學十九講》，牟宗三，臺北，臺灣學生書局，2002。

《兩岸哲學對話—廿一世紀中國哲學之未來》，林安梧，臺北，臺灣學生書局，2003。

《經典與解釋》，陳少明、劉小楓，上海，三聯書店，2003。

《論道者》，〔英〕葛瑞漢著、張海晏譯，北京，中國社會科學出版社，2003。

《東亞儒學：批判與方法》，〔日〕子安宣邦著、陳瑋芬譯，臺北，喜瑪拉雅研究發展基金會，2003。

《藏園群書經眼錄》，傅增湘，北京，中華書局，2003。

《道學與儒林》，李紀祥，臺北，唐山出版社，2004。

《儒家思想中的具體性思維》，林啟屏，臺北，臺灣學生書局，2004。

《中國哲學史》，王邦雄、楊祖漢、高柏園、岑溢成，臺北，里仁出版社，2005。

《思想史研究課堂講錄：視野、角度與方法》，葛兆光，北京，
　　生活・讀書・新知三聯書局，2005。

《近代日本漢學的「關鍵詞」研究：儒學及相關概念的嬗變》，
　　陳瑋芬，臺北，國立臺灣大學出版中心，2005。

《理學背景下的元代文論與詩文》，查洪德，北京，中華書局，
　　2005。

《中國近世儒學實質的思辨與習學》，朱鴻林，北京：北京大
　　學出版社，2005。

《元代論語學考述》，廖雲仙，臺北，新文豐出版社，2005。

《閩學困知錄》，何乃川，北京，社會科學文獻出版社，2007。

《古典到正典：中國古代儒學意識之形成》，林啟屏，臺北，
　　國立臺灣大學出版中心，2007。

《早期道學話語的形成與演變》，陳來，合肥，安徽教育出版
　　社，2007。

《儒學經典詮釋方法》，李明輝，上海，華東師範大學出版社，
　　2008。

《元代四書學研究》，周春健，上海，華東師範大學出版社，
　　2008。

《觀念字解讀與思想史探索》，鄭吉雄編，臺北，臺灣學生書
　　局，2009。

《南宋儒學》，杜保瑞，臺北，臺灣商務印書館，2010。

《歷史上的理學》(Neo-Confucianism in History)，〔美〕包弼
　　德(Peter K.Bol)撰、王昌偉譯，杭州：浙江大學出版社，
　　2010。

《切中倫常—《中庸》的新詮與新譯》，〔美〕安樂哲、郝大
　　維，北京，中國社會科學出版社，2011。

《中國文化史通釋》，余英時，北京，生活・讀書・新知三聯
　　書店，2012。

《北宋經筵與宋學的興起》，姜鵬，上海，上海古籍出版社，
　　2013。

《從《五經》到《新五經》》，楊儒賓，臺北，國立臺灣大學
　　出版中心，2013。

《科學與東亞儒家傳統》，〔韓〕金永植，臺北，國立臺灣大
　　學出版中心，2014。

《中國思想與宗教的奔流：宋朝》，〔日〕小島毅著，何曉毅
　　譯，桂林，廣西師範大學出版社，2014。

《傳承與開拓：朱子學新論》，陳來、朱漢民，華東師範大學
　　出版社，2014。

《中國思想史：宋代至近代》，〔日〕溝口雄三著，龔穎、趙
　　士林等譯，北京，生活・讀書・新知三聯書店，2014。

《孫應時的學宦生涯：道學追隨者對南宋中期政局變動的因
　　應》，黃寬重，臺北，臺灣大學出版中心，2018。

《文化權利與政治文化：宋金元時期的《中庸》與道統問題》，
　　〔德〕蘇費翔、〔美〕田浩，蕭永明譯，北京，中華書
　　局，2018。

期刊會議論文

費海璣

〈朱子門人性行考〉，《東方雜誌》第 6 卷第 1 期(1972)，頁
　　35-39。

〈談朱子門人〉，《東方雜誌》第 6 卷第 2 期(1972)，頁 29-31。

〈研究朱子門人性行感言〉，《醒獅月刊》第 10 卷第 6 期(1972)，
　　頁 11-12。

阮廷瑜

〈宋元理學家之持敬〉，《臺灣教育》第 258 期(1972)，頁 20-24。

〈持敬是中國人的涵養工夫〉，《哲學與文化》第 19 卷第 2
　　期(1992)，頁 122-131。

陳榮捷，〈朱子門人之各方面及其意義〉，《中國文化月刊》
　　第 11 卷(1980)，頁 109-129。

楊祖漢，〈宋元學案導讀〉，《鵝湖月刊》第 6 卷第 12 期(1981)，
　　頁 17-22。

陳榮捷著、萬先法譯，〈陳淳北溪字義英譯本導言〉，《哲學
　　與文化》第 14 卷第 5 期(1987)，頁 26-42。

張永儁，〈宋儒之道統觀及其文化意識〉，《文史哲學報》第
　　38 期(1990)，頁 273-312。。

吳哲夫，〈劉因及其四書集義精要〉，《故宮文物月刊》第 8
　　卷第 7 期(1990)，頁 106-113。

王德毅，〈黃榦的學術與政事〉，《漢學研究》第 9 卷第 2 期
　　(1991)，頁 105-121。

李紀祥，〈入道之序——由陳(淳)、黃(榦)之歧到李滉聖學十
　　圖〉，《中央大學人文學報》(1991)，頁 241-337。

錢遜，〈四書集注與中國文化傳統—兼談「道統」的實際內容
　　與意義〉，《朱子學刊》(1993)，頁 1-12。

余崇生，〈陳淳北溪字義刊本七種〉，《鵝湖月刊》第 19 卷第
　　2 期(1993)，頁 42-44。

張亨，〈朱子的志業—建立道統意義之探討〉，《台大中文學報》第 5 期(1994)。

湯勤福，〈日本朱子學的起源問題〉，《南開學報》(哲學社會科學版)第 4 期(1994)，頁 64-69。

〔美〕約翰‧艾倫‧塔克著、張加才譯，〈北溪字義與日本十七世紀哲學辭典的興起〉，《福建論壇》(文史哲版)第 3 期(1997)，頁 46-51。編譯自美國夏威夷出版社的《東西方哲學》第 43 卷第 4 期(1993)。

黃俊傑，〈從儒家經典詮釋史觀點論解經者的「歷史性」及其相關問題〉，《臺大歷史學報》第 24 期(1999)，頁 1-28。

張加才

〈北溪字義版本源流蠡測〉，《北方工業大學學報》第 11 卷第 2 期(1999)，頁 80-88。

〈陳淳早期思想進路之檢討〉，《北方工業大學學報》第 12 卷第 2 期(2000)，頁 62-68。

〈北溪理學本體論思想探微〉，《北方工業大學學報》第 13 卷第 2 期(2001)，頁 58-63。

〈關於北溪生平的幾個問題〉，《北方工業大學學報》第 12 卷第 2 期(2002)，頁 26-31。

〈北溪字義與理學範疇體系的詮釋和建構〉，《廈門大學學報》(哲學社會科學版)(2004)，頁 115-121。

〈陳淳哲學知行論研究〉，《蘭州大學學報》(社會科學版)第 32 卷第 4 期(2004)，頁 23-27。

戴螢，〈宋史陳淳傳考辨〉，《北京大學學報》第 37 卷第 3 期(2000)，頁 160。

蕭永明，〈論朱熹的天理史觀〉，《廣西大學學報》(哲學社會科學版)第 23 卷第 1 期(2001)，頁 7-12。

孟憲軍，〈淺談朱熹理學思想的形成〉，《遼寧師範大學學報》(社會科學版)第 24 卷第 2 期(2001)，頁 90-92。

張樹旺，〈從治道角度看朱熹哲學〉，《華南理工大學學報》(社會科學版)第 4 卷第 3 期 (2002)，頁 14-18。

王基西，〈理學家小傳(20)—勉齋先生黃榦〉，《中國語文月刊》第 90 卷第 5 期(2002)，頁 18-27。

余崇生，〈陳淳與北溪字義〉，《應用語文學報》第 6 卷(2004)，頁 219-233。

陳逢源，〈道統的建構—重論朱熹四書編次〉，《東華漢學》第 3 期(2005)。

安國樓，〈朱熹的禮儀觀與朱子家禮〉，《鄭州大學學報》第 38 卷第 1 期(2005)，頁 143-146。

祝平次，〈評余英時先生的《朱熹的歷史世界：宋代士大夫政治文化的研究》〉，《成大中文學報》第 19 期(2007)，頁 249-268。

洪宇蓁，〈《北溪字義》「鬼神」思想之探析〉，《鵝湖月刊》第 38 卷第 4 期(2012)，頁 20-34。

吳思遠，〈共襄盛會談朱子，學人齊聚鳳凰城——「朱子經學及其在東亞的流傳與發展」國際學術研討會綜述〉，《中國文哲研究通訊》第 22 卷第 2 期(2012)，頁 109-113。

學位論文

熊　琬，《宋代理學與佛學之探討》，政治大學中國文學研究
　　所博士論文，1983。

梁承武，《朱子哲學思想之發展及其成就》，臺灣師範大學國
　　文研究所博士論文，1984。

申美子，《朱子詩中的思想研究》，臺灣大學中國文學研究所
　　博士論文，1985。

金周漢，《中、韓理學家之文學觀及其影響》，文化大學中國
　　文學研究所博士論文，1985。

林佳蓉，《承擔與自在之間——從朱熹的詩歌論其生命趨向的
　　依違》，臺灣師範大學國文研究所博士論文，2000。

黃瑩暖，《朱子所理解的佛教世界——以心性意涵與修持工夫
　　為討論中心》，臺灣師範大學國文研究所博士論文，
　　2001。

甯慧如，《南宋儒者的入仕與教學——特別關注道學家的雙重
　　實踐》，國立中正大學歷史研究所博士論文，2005。

許育龍，《宋末至明初蔡沈《書集傳》文本闡釋與經典地位的
　　提升》，臺灣大學中國文學研究所博士論文，2013。

王奕然，《朱熹門人考述及其思想研究——以黃榦、陳淳及蔡
　　氏父子為論述核心》，臺灣師範大學國文所博士論文，
　　2013。